人体运动

核心训练

迷你口袋版

彩色图谱

人邮体育解剖图谱编写组 编著

人民邮电出版社

北京

图书在版编目（CIP）数据

核心训练彩色图谱：超值口袋版 / 人邮体育解剖图
谱编写组编著. -- 北京：人民邮电出版社，2025.
ISBN 978-7-115-66111-1

Ⅰ. G804.4-64

中国国家版本馆 CIP 数据核字第 2025UU1301 号

免责声明

　　本书内容旨在为大众提供有用的信息。所有材料（包括文本、图形和图像）仅供参考，不能用于对特定疾病或症状的医疗诊断、建议或治疗。所有读者在针对任何一般性或特定的健康问题开始某项锻炼之前，均应向专业的医疗保健机构或医生进行咨询。作者和出版商都已尽可能确保本书技术上的准确性以及合理性，且并不特别推崇任何治疗方法、方案、建议或本书中的其他信息，并特别声明，不会承担由于使用本出版物中的材料而遭受的任何损伤所直接或间接产生的与个人或团体相关的一切责任、损失或风险。

内 容 提 要

　　了解训练动作的解剖学知识能帮助我们更好地理解训练动作的原理与要点，从而正确发力，精准健身。对于想要打造强大核心的读者来说，本书是一本不可多得的超详细训练动作指南。本书介绍了核心训练基础知识，讲解了 100 多个针对核心部位的稳定性、力量、爆发力和拉伸训练动作，提供了拿来即用的多主题训练计划。对于每一个训练动作，本书都提供了由专业教练示范的动作图、正确和错误做法、呼吸指导等，帮助训练者清晰了解训练动作的目标肌群，以及如何正确地做动作。本书能帮助新手掌握高效训练方法，快速实现健身目标，同时避免损伤。本书适合健身新手、健身爱好者阅读，对于健身教练、体能教练也具有一定的参考价值。

◆ 编　　著　人邮体育解剖图谱编写组
　　责任编辑　王若璇
　　责任印制　彭志环
◆ 人民邮电出版社出版发行　北京市丰台区成寿寺路 11 号
　　邮编　100164　　电子邮件　315@ptpress.com.cn
　　网址　https://www.ptpress.com.cn
　　北京九天鸿程印刷有限责任公司印刷
◆ 开本：787×1092　1/32
　　印张：5　　　　　　　　　　2025 年 3 月第 1 版
　　字数：164 千字　　　　　　　2025 年 3 月北京第 1 次印刷

定价：29.80 元

读者服务热线：(010)81055296　印装质量热线：(010)81055316
反盗版热线：(010)81055315

目 录

本书使用说明   vii

上肢肌肉图   viii

下肢肌肉图   x

运动平面   xii

认识核心   xiv

核心训练方法   xvii

核心力量训练原则   xix

核心训练益处   xx

核心训练前提姿势   xxiii

第1章　核心稳定性训练　　1

平板支撑－直臂   2

平板支撑   3

瑞士球－平板支撑   4

平板支撑－单腿上举   5

平板支撑－对侧上抬   6

瑞士球－平板支撑－交替抬腿   7

瑞士球－平板支撑－对侧上抬   8

反向平板支撑   9

瑞士球－侧移   10

平板支撑－转体   11

侧平板支撑－直臂   12

侧平板支撑   13

侧平板支撑－单腿上举   14

登山   15

死虫   16

俯卧－Y字   17

瑞士球－俯卧－Y字   18

俯卧－对侧上抬   19

臀桥   20

臀桥－军步   21

蚌式支撑   22

侧卧－髋外展   23

半轴－单腿平衡   24

半轴－骨盆倾斜   25

瑞士球－转髋   26

瑞士球-伸髋挺身　28

仰卧-对角伐木　51

瑞士球-转肩　29

坐姿-肘碰膝　52

瑞士球-前推　30

坐姿-剪刀腿　53

瑞士球-俯卧撑屈膝　31

坐姿-转体　54

瑞士球-抬腿转髋　32

跪姿-肘碰膝　55

瑞士球-卷腹　33

俯卧撑　56

屈膝卷腹　34

单腿俯卧撑　57

虫式卷腹　35

单臂俯卧撑　58

三方向卷腹　36

药球-俯卧撑　59

器械-卷腹　37

悬吊-俯卧撑　60

器械-反向卷腹　38

蚌式开合　61

器械-提腿　39

侧卧-伸髋腿画圆　62

绳索-跪姿-卷腹　40

侧卧-直腿内外旋　63

绳索-半跪姿-下砍　41

侧卧-屈腿内外旋　64

绳索-半跪姿-上提　42

跪姿-屈膝伸髋　65

绳索-旋转上拉　43

跪姿-髋外旋　66

瑞士球-俄罗斯转体　44

瑞士球-直腿挺髋　67

哑铃-俄罗斯转体　45

瑞士球-夹球屈髋　68

滑贴-登山　46

瑞士球-夹球转髋　69

TRX-登山　47

药球-相扑深蹲-过顶上举　70

仰卧-单腿转动　48

哑铃-弓步蹲-单臂推举　72

仰卧-两头起　49

壶铃-土耳其起立　74

训练椅-仰卧举腿　50

滑贴-臀桥　76

药球－站姿－过顶扔球　78　　药球－仰卧－胸前推接球　96

药球－站姿－侧向扔球　79　　药球－仰卧起坐－过顶抛接球　98

药球－跪姿－过顶扔球　80　　药球－V字－侧向抛接球　100

药球－分腿姿－侧向扔球　81　　药球－快速交替俯卧撑　102

药球－半跪姿－侧向扔球　82　　药球－波比跳　104

药球－跪姿－过顶砸球　83　　跳箱－单脚跳　106

药球－站姿－过顶砸球　84　　跳箱－双脚交换跳　108

药球－站姿－旋转过顶砸球　86　　跳箱－侧向单脚跳－异侧　110

药球－跪姿－旋转过顶砸球　88　　跳箱－侧向单脚跳－同侧　112

药球－站姿－过顶下砍　90　　跳箱－旋转跳　114

药球－站姿－侧向下砍　92　　跳箱－爆发式俯卧撑　116

药球－站姿－对角线推举　94

站姿体侧屈　118　　仰卧扭转　122

瑞士球侧向伸展　119　　瑞士球脊柱伸展　123

动态眼镜蛇式　120　　仰卧4字　124

坐姿扭转　121　　跪式起跑者弓步　125

第5章　训练计划　　126

核心稳定性训练计划　127　　腹部塑形训练计划　132

核心力量训练计划　128　　跑步核心训练计划　133

核心爆发力训练计划　129　　篮球核心训练计划　134

初级核心训练计划　130　　足球核心训练计划　135

高级核心训练计划　131　　游泳核心训练计划　136

本书使用说明

解剖图解　　　　　呼吸指导

动作名称

动作级别
●●● 初级
●●● 中级
●●● 高级

安全提示

真人演示

文字解析

正确做法　错误做法　锻炼肌肉

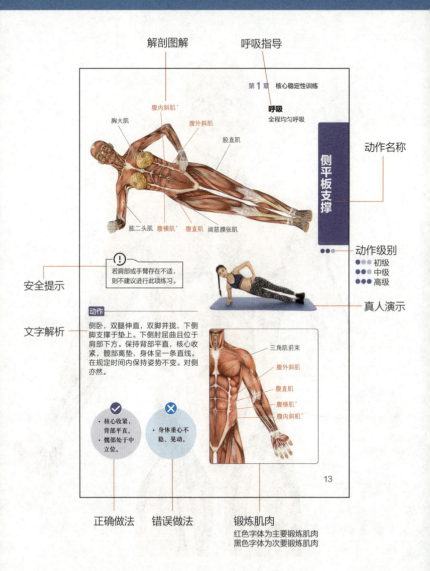

第 **1** 章　核心稳定性训练

呼吸
全程均匀呼吸

侧平板支撑

腹内斜肌*
胸大肌
腹外斜肌
股直肌

肱二头肌　腹横肌*　腹直肌　阔筋膜张肌

(!) 若肩部或手臂存在不适，
则不建议进行此项练习。

动作
侧卧，双腿伸直，双脚并拢，下侧脚支撑于垫上。下侧肘屈曲且位于肩部下方。保持背部平直，核心收紧，髋部离垫，身体呈一条直线。在规定时间内保持姿势不变。对侧亦然。

✔
・核心收紧，
背部平直。
・髋部处于中
立位。

✖
・身体重心不
稳、晃动。

三角肌前束
腹外斜肌
腹直肌
腹横肌*
腹内斜肌*

13

锻炼肌肉
红色字体为主要锻炼肌肉
黑色字体为次要锻炼肌肉

上肢肌肉图

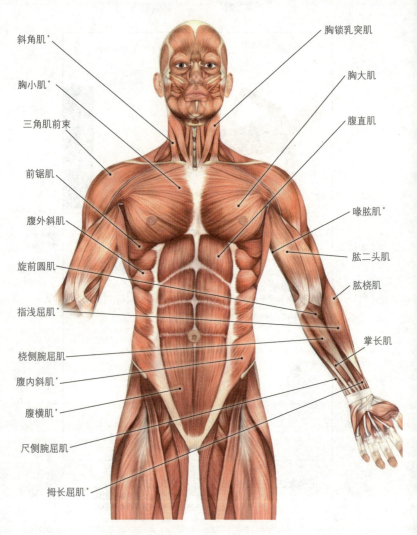

斜角肌*

胸小肌*

三角肌前束

前锯肌

腹外斜肌

旋前圆肌

指浅屈肌*

桡侧腕屈肌

腹内斜肌*

腹横肌*

尺侧腕屈肌

拇长屈肌*

胸锁乳突肌

胸大肌

腹直肌

喙肱肌*

肱二头肌

肱桡肌

掌长肌

注：*为深层肌肉，余同。

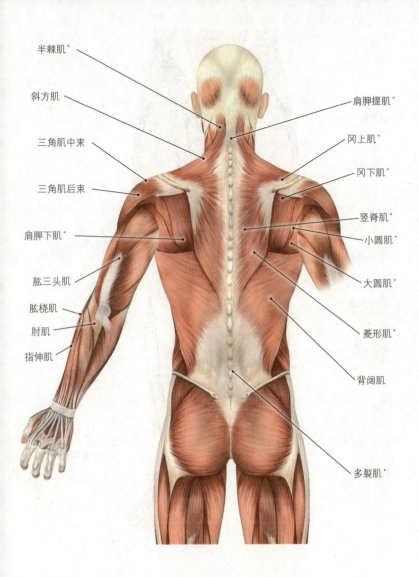

半棘肌*

斜方肌

三角肌中束

三角肌后束

肩胛下肌*

肱三头肌

肱桡肌

肘肌

指伸肌

肩胛提肌*

冈上肌*

冈下肌*

竖脊肌*

小圆肌*

大圆肌*

菱形肌*

背阔肌

多裂肌*

下肢肌肉图

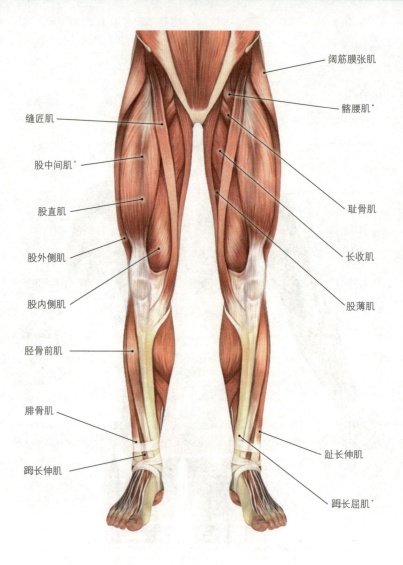

缝匠肌

股中间肌*

股直肌

股外侧肌

股内侧肌

胫骨前肌

腓骨肌

踇长伸肌

阔筋膜张肌

髂腰肌*

耻骨肌

长收肌

股薄肌

趾长伸肌

踇长屈肌*

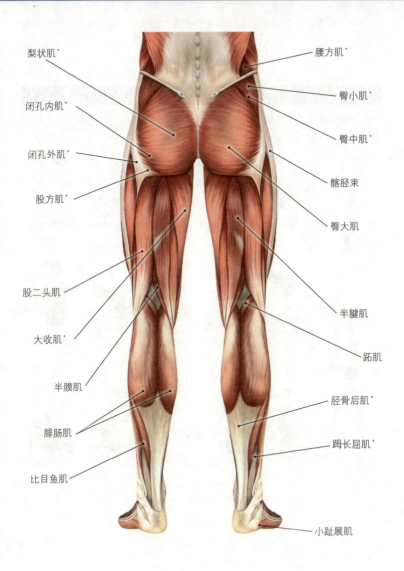

梨状肌*

闭孔内肌*

闭孔外肌*

股方肌*

股二头肌

大收肌*

半膜肌

腓肠肌

比目鱼肌

腰方肌*

臀小肌*

臀中肌*

髂胫束

臀大肌

半腱肌

跖肌

胫骨后肌*

跨长屈肌*

小趾展肌

运动平面

通常人体运动可以被描述为在3个平面上的运动，这3个想象的相互垂直的平面穿过人体，在人体的重心处交叉，它们分别是矢状面、冠状面和水平面。

矢状面

矢状面将人体分为左、右两半。在矢状面上的运动包括四肢与躯干屈曲和伸展等。

矢状面

踝关节背屈　踝关节跖屈　膝关节屈曲　膝关节伸展　髋关节屈曲：股骨围绕骨盆转动

髋关节屈曲：骨盆围绕股骨转动　髋关节伸展　脊柱屈曲　脊柱伸展　肘关节屈曲

肘关节伸展　肩关节屈曲　肩关节伸展　颈部屈曲　颈部伸展

冠状面

冠状面将人体分成前、后两半。在冠状面上的运动包括四肢内收和外展（相对于躯干）、脊柱侧屈及足踝内翻和外翻等。

冠状面

足踝外翻　足踝内翻　髋关节外展　髋关节内收

躯干侧屈　肩关节外展　肩关节内收　颈部侧屈

水平面

水平面将人体分成上、下两半。水平面运动包括四肢内旋和外旋，头颈左、右旋转，四肢水平外展和水平内收以及前臂旋前、旋后等。

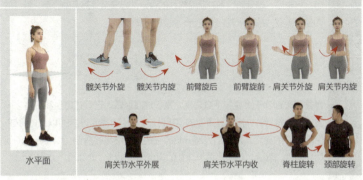

水平面

髋关节外旋　髋关节内旋　前臂旋后　前臂旋前　肩关节外旋　肩关节内旋

肩关节水平外展　肩关节水平内收　脊柱旋转　颈部旋转

认识核心

当前,"核心"是一个比较流行的词,一般指人体从颈部到髋部的区域,也被称为核心区、中心区。通常来说,大多数人可能会认为核心指腰腹周围的肌群,其实这种理解是比较片面的。因为核心不单是由肌群组成的区域,从解剖学上说,它是由腹部、腰部、髋部的肌肉与骨骼共同构成的复合体。下面讲述解剖学上的核心组成。

腹部	腹部起核心作用的是腹部的几块重要肌肉。腹直肌是躯干屈肌,位于腹部前方浅层,我们做腹部卷曲动作时会用到腹直肌;腹横肌是深层肌肉,位于腹部前方深层,有利于保持身体稳定;腹内斜肌和腹外斜肌位于腰部两侧,主要作用是使身体侧屈以及旋转。腹部的这些肌肉可以综合调节身体的侧屈、屈伸、旋转。无论处于何种姿势下,它们都共同作用,保持脊柱的稳定。
核心区的骨骼	核心区的骨骼主要包括脊柱、骨盆以及髋关节。脊柱又可分为颈椎、胸椎、腰椎、骶骨、尾骨。其中,腰椎的5块椎骨对核心有重要作用,对中下背部有重要支撑作用,也是需要我们重点保护的部位。
环绕脊柱的重要肌肉	环绕脊柱的重要肌肉主要有浅层的斜方肌、背阔肌,以及深层的竖脊肌、多裂肌、半棘肌、回旋肌等。斜方肌的下部、背阔肌对核心稳定起到支持作用;竖脊肌、半棘肌、多裂肌对脊柱的稳定性起着至关重要的作用,脊柱的伸展与侧屈,都要依赖它们进行,尤其是竖脊肌。
骨盆和髋部的骨骼与肌肉	骨盆和髋部介于上身与下身之间,属于过渡区域。它们在上身和下身之间发挥着力传导的作用,是重要的枢纽区域。骨盆和髋部肌肉可以支撑脊柱,保障核心的稳定。髋部的大部分肌肉主要负责髋部的屈伸,以及腿部的屈伸与内旋、外旋,也负责调节脊柱的稳定性,使核心更稳固。

腹部主要肌肉

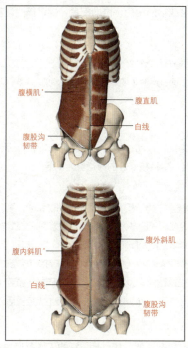

腹横肌*

腹直肌

白线

腹股沟韧带

腹内斜肌*

腹外斜肌

白线

腹股沟韧带

脊柱和背部主要肌肉

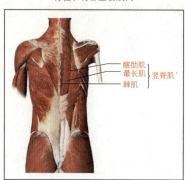

髂肋肌

最长肌 } 竖脊肌*

棘肌

骨盆与髋部主要肌肉

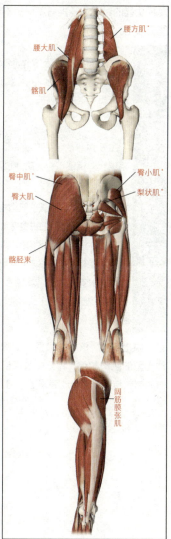

腰方肌*

腰大肌

髂肌

臀中肌*

臀小肌*

臀大肌

梨状肌*

髂胫束

阔筋膜张肌

核心区由控制子系统、被动子系统以及主动子系统构成，它们在核心区发挥功能的过程中承担着不同却不可或缺的角色，协同配合，促进核心区功能最大化。

控制子系统	它主要由控制、支配身体活动的神经系统构成，通过感受肌肉张力的变化，主动控制和调节核心区的活动；通过反射（如牵张反射），被动调节核心区的活动，控制其稳定。
被动子系统	它主要由骨骼和关节的韧带构成，被动地限制核心区所有关节的活动范围，对保证核心区功能位置、维持核心区的稳定极为重要。
主动子系统	它主要由核心区相关的肌肉构成。主动子系统又分为稳定肌群和动力肌群两部分。稳定肌群的主要特点是肌肉一般多分布在深层，多为单关节肌群，肌肉的体积小、肌纤维短，如脊椎之间、腰骶之间、骶髂之间的小肌群等，主要功能是维持椎体之间、骶髂之间的稳定性。而动力肌群的特点是肌肉一般多分布在浅层，多为跨关节肌群，肌肉的体积大、肌纤维长，如竖脊肌、髂腰肌等，其主要功能是使脊柱屈伸、侧屈和旋转，产生大范围活动并可产生很大的力。

综上所述，核心更像是一个具有复杂功能的集结地，它的工作是通过各种类型的肌肉收缩，将身体各部位的活动连接起来，以维持身体平衡，确保力的有效传递，使运动表现更理想。

核心训练方法

核心训练，顾名思义，就是对身体核心的训练。大量的实践证明，通过不同方法训练核心，可以使脊柱保持正常的生理曲度，从而减少背部损伤，还可以提升身体的稳定性和力的传递效率，优化运动表现，益处多多。在进行核心训练时，应根据训练者的目的和水平，选择不同的训练方式和练习强度，以安全、高效训练。

核心肌群既可以作为稳定肌，也可以作为原动肌。当我们把核心肌群作为稳定肌来训练时，其更多发挥协作收缩、保持稳定的功能，例如，一个力由下肢传递到上肢的动作，其高效完成离不开核心对力的传递。当我们把核心肌群作为原动肌来训练时，其更多发挥主动收缩、提供动力的功能，例如，一个高效的空中旋转动作离不开强有力的核心肌群的发力。对于各类训练者来说，想要保证训练的安全性，不仅要把核心肌群作为稳定肌来训练，还要把其作为原动肌来训练。

鉴于核心的不同功能以及核心训练的不同方式，本书主要介绍3类渐进性核心训练，即核心稳定性训练、核心力量训练、核心爆发力训练。

核心稳定性训练

核心稳定性训练，主要是针对核心的稳定性控制能力进行训练。我们身体的腹部肌肉、下背部肌肉、腰椎周围的肌肉控制着我们的身体姿势、腰椎的稳定性，以及身体的平衡感。平衡感的培养，需要重要核心肌肉、深层次的核心肌肉以及参与动作的运动肌肉共同作用，使动作在平衡协调中进行，在核心区肌肉不断地收缩与放松过程中，提升我们身体感官对平衡变化的体察与感受，并及时调整，最终使核心肌肉能自如地控制身体平衡。例如，做一个简单的静态平板支撑动作，需要调动身体多个肌群，主要调动的是核心肌肉（不仅有表层的腹外斜肌、腹直肌，还有深层的腹横肌、盆底肌、腹内斜肌等，尤其是腹横肌）参与运动。在平板支撑的过程中，肌肉发生等长收缩（肌肉在长度保持稳定的前提下，发生收缩），并不断调整收缩状态，以维持动作的稳定，最终使力量与稳定性得到增强。

由于核心稳定性训练涉及整个躯干和骨盆部位的肌肉，并特别注重对那些位于深层的小肌群的训练，因此在进行核心稳定性训练时，一般采用3种方式：一是将单一固定的向心收缩与两端固定的静力性收缩相结合的方式；二是将支点固定与非固定相结合的方式；三是涉及多种运动方向的方式。

核心力量训练

我们所熟知的肌肉力量训练，通常针对肌力与肌耐力，也就是肌肉力量与肌肉耐力。肌肉力量是指肌肉抵抗阻力做功所发出的力量，肌肉耐力则是指肌肉克服阻力长时间做功的能力。而核心力量训练除了锻炼核心肌肉，使其更强壮、更有力之外，更多强调的是一种机制。这种机制足以抵抗强大外力，保持身体平衡，并消除低效率动作与不良姿势所带来的负面影响，以保持身体平衡。核心力量是否优秀，不仅影响着稳定性，还影响着运动能力，如动作的完成度、动作的爆发力等。如果核心力量不足，即使其他部位的肌肉再发达，动作的完成质量也会大打折扣。例如，一个双腿肌肉发达但核心力量薄弱的排球运动员，当他想要完成一个跳发球的动作，双腿发力起跳后，力量不能被核心有效传递至上肢，发球的力度会降低很多，影响整个发球的质量。

核心爆发力训练

说到核心爆发力训练，首先要明白这并不是锻炼核心肌肉的爆发力，因为核心肌肉中，慢肌纤维所占的比例更大一些。慢肌纤维的主要功能是在负荷下持续性做功，慢肌纤维有强大的耐力，且不容易产生疲惫感，但并不会创造爆发力。爆发力是快肌纤维快速做功所产生的力量，依赖于肌肉的速度与力量。而爆发力的有效传递必须以核心稳定为前提。高水平的爆发力表现离不开核心部位的稳定性与力量。核心爆发力训练是提升核心部位的本体感受能力的训练，使核心肌肉能充分感知本体的运动感受，更好地协同提升运动速度、传递力量，使爆发力表现最佳。

核心力量训练原则

　　核心力量训练相对于普通力量训练，虽然也遵循一般力量训练的基本原则，但是由于其训练部位的特殊性，还需遵循其特有的训练原则。

轻负荷、多次数	核心力量训练的肌群主要位于胸部以下、膝关节以上。一些肌群（如腰腹部肌群）相对于四肢肌群来说，很难得到较好的锻炼，因此较为薄弱。在训练的过程中，我们应该遵循轻负荷、多次数的训练原则，区别于一般力量训练的那种大负荷。
不稳定状态下训练	核心肌群一般在不稳定状态下进行工作，因此在进行核心力量训练的过程中也要遵循相关原则。在不稳定状态下进行核心力量训练，可以更多地发展小肌群力量，尤其是关节周围的辅助肌群的力量，同时还能提高在不同运动中稳定关节和控制重心的能力。但是，不能一开始就在不稳定状态下训练，也要遵循循序渐进的训练原则。因为如果在稳定状态下的基本能力发展不足，那么在不稳定状态下就很难提高训练难度，也就无法实现训练效果的最大化。

核心稳定性训练的益处

提升运动能力

核心稳定性之所以重要，是因为核心是完成绝大多数技术动作时力产生和传递的区域，是人体运动链的中心环节。只有核心稳定性提高，肢体的活动才能有支撑，才会更协调。如果核心部位肌肉力量比较弱，收缩时产生的力不足以维持核心稳定，不能产生一个稳定的力传递平台，那么上肢或下肢产生的力通过核心时必然大打折扣，人体做出的动作质量不高，运动效果差。例如，做扔铅球这个简单的投掷动作时，如果核心缺乏稳定和平衡，前期助跑产生的力就不能有效传递给上肢，而上肢向后做储存势能动作以及向前、向上做投掷动作时，也会缺乏一个稳定的力传递平台，这样是难以取得好成绩的。因此，作为运动链的枢纽，核心有着传递身体能量、提升运动能力的作用。

好的身姿是提升运动能力的前提。核心稳定性训练，可以使身体各部位的关节、肌肉都处于正确的位置，保证正确发力，使做出来的动作正确，动作表现更好。专业运动员的训练，经常是同一动作或同一部位的重复训练，相关肌肉或关节容易被过度使用，造成损伤，甚至发生动作代偿。虽然这样做在短时间内可以提升专业成绩，但长期来说，其显然会带来更多的负面影响。而核心稳定性训练可以纠正错误的姿势，并提升核心稳定性，有助于专业技能的提升。

核心稳定性训练，是核心力量训练与核心爆发力训练的基础。只有具备了核心稳定性，才能提升核心力量与爆发力，进而提升运动能力。

有助于康复与减少运动损伤

许多康复训练都会加入核心稳定性训练，这是因为无论对于四肢还是躯干，康复训练的目的不仅是增加肌肉与关节的活动性，还有在稳定的基础上进行活动，且确保动作的连续性。而稳定性和动作的连续性都离不开核心稳定。核心稳定有助于让身体或关节恢复为互相联系的运动整体，使身体逐渐恢复健康。

另外，核心稳定性训练有助于减少运动损伤。运动损伤可分为突发性的运动损伤和积累性的慢性损伤。突发性的运动损伤，有可能源自热身活动没有做到位就开始运动，导致肌肉或关节产生扭伤或拉伤。积累性的慢性损伤的主要原因是，身体某些部位经常处于一种不正确的扭曲姿势中，并形成习惯，久而久之，这种扭曲的姿势不仅影响运动链，还造成运动代偿，给身体带来慢性损伤，尤其是软组织损伤。软组织很容易受到感染，发生炎症，继而开启身体的保护机制。在神经系统的提醒下，肌肉的紧张感会增加，发生肌肉痉挛、粘连等情况，肌肉的长度和弹性都会受到影响，进而出现肌肉失衡的状况，而失衡正是诱发损伤的原因之一。

核心稳定性训练有助于纠正各种不良姿势，使各部位肌肉与关节放松，回归原位，增强核心稳定性，提升运动功能，从而减少运动损伤。

提升动态稳定性，降低运动风险

核心肌肉力量的提升，可以增强核心稳定性，包括静态中的稳定性与动态中的稳定性。我们的身体有时处于静止状态，而在更多时候，它需要处于运动状态。运动状态中的我们更需要在核心力量的支撑下不断调整重心，保持动态稳定，降低运动风险，预防运动损伤。

使动作更加精确、有效

人体可能因缺乏平衡性或运动链中有薄弱环节而形成不良的动作模式。而优秀的核心力量，不仅可以提升身体的平衡感，消除不良动作带来的风险，还能将力精确地传递到相对应的骨骼与肌肉，使其产生精准的动作，确保整个动作高效。

要想提升动作的精准度，就要设定好核心力量练习的强度。对于训练者来说，核心力量练习的进阶和降阶非常重要。当练习强度对于训练者而言偏低时，所完成动作的标准就变得相对容易达到，肌肉就无法得到有效刺激。此时可以使用练习的进阶版本，增加练习强度。相反，当练习强度对身体产生的刺激过大时，使用练习的降阶版本就能很好地降低练习的强度，使训练者可以使用正确的练习强度来刺激肌肉，从而减少肌肉耗能，以便保证动作质量，并且有效地降低肌肉受伤风险。一个好的训练计划应该采用低风险、高要求、高质量的练习。如何安全有效地训练，同时最大限度地避免运动损伤是训练者首先应该考虑的。

提升运动的爆发力

核心爆发力训练可以通过训练核心部位的反应机制，来提升运动速度，进而提升爆发力。

决定爆发力强弱的因素有两个：一是肌肉力量的大小；二是速度的快慢。力量越大、速度越快，爆发力就越强。因此，想提升爆发力，力量与速度的发展必不可少，而这二者又需要在核心部位稳定的基础上来发展。核心稳定性为爆发力的产生提供稳定的平台。

除了主动肌发力之外，还需要协同肌协同做功、拮抗肌配合，才能高质量地完成动作。例如，手臂做弯举动作时，手臂前侧的肱二头肌收缩发力，肱肌是协同肌，协同发力；手臂后侧的肱三头肌则是拮抗肌，此时是拉长的，这个拉长的反向力起到激活肱二头肌以及提升肱二头肌稳定性的作用（通过关节来实现），使主动肌（肱二头肌）的力量最大化。核心爆发力训练能优化肌肉神经的反馈系统，使拮抗肌对运动的感知与反应更敏感，在它的配合下，主动肌的力量最大化，进而提升爆发力。

另外，弹性势能也可以提升爆发力。在弹性范围内，肌肉被拉伸得越长，就会储存越多的弹性势能，释放弹性势能时动作的爆发力就越强。身体核心区肌肉、肌腱的弹性势能同样可以被利用。在转体动作（如扔铅球、掷铁饼的转髋动作，以及棒球运动员的挥棒转身动作）中，充分拉长肌肉、肌腱，储存弹性势能，然后再释放，以取得好成绩。

提升爆发力的传递效率

核心爆发力训练的一个重要任务，就是提升核心肌群的做功能力，使肌群之间的衔接、整合更完美，进一步改善力的传递系统，提升力的传递效率。这样身体所释放的爆发力，可以传向更远的位置，甚至是四肢末端。如果不能做到力的有效传递，即使核心肌肉锻炼得再好，也不过是"一堆摆设"，徒有其表。

核心训练前提姿势

进行核心训练的前提是姿势正确。只有保证姿势正确，各种动作才能做到位，肌肉发出的力才能得到有效传递，产生较好的锻炼效果。核心训练的前提姿势是保持脊柱中立位。

脊柱中立位指脊柱正确排列，且处于最佳状态，有正常的生理曲度。脊柱中立位的外在表现：人体处于直立姿势，双肩稍稍外展，不含胸，不塌腰，骨盆位于正中位置，没有前倾或后倾，腰部没有过度拉长，也没有拱起；从侧面看，头、肩、臀、脚踝这几个部位位于一条直线上。在该姿势下，脊柱周围各肌肉都位于其原本应该在的位置上，维持脊柱稳定，脊柱的生理曲度也能恰当地起到缓冲减震的作用；骨盆在腹部、背部、臀部肌肉的控制下，保持稳定活动，对脊柱起到平衡调整作用。

相反，如果在锻炼中，尤其是在负重训练过程中，不能保持脊柱中立位，则很有可能因为动作的不正确导致运动损伤，尤其是慢性损伤。在生活中不能保持脊柱中立位也会带来慢性损伤，如腰肌劳损、腰椎间盘突出等，还会导致不良的动作模式，从而产生代偿。

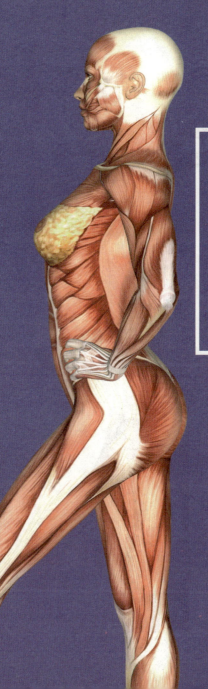

第1章

核心
稳定性
训练

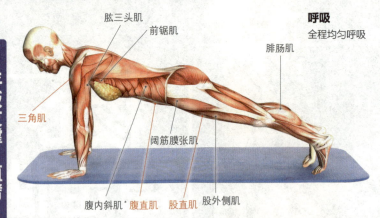

肱三头肌　前锯肌

呼吸
全程均匀呼吸

腓肠肌

三角肌

阔筋膜张肌

腹内斜肌* 腹直肌　股直肌　股外侧肌

平板支撑－直臂

动作

身体呈俯撑姿势，双手间距与肩同宽，双臂伸直撑于肩部下方，保持背部平直，核心收紧。保持姿势至规定时间。

(!) 若肩部存在不适，则不建议进行此项练习。

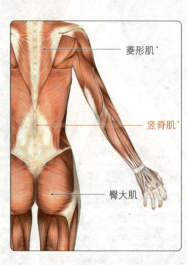

菱形肌*

竖脊肌*

臀大肌

・核心收紧。
・身体尽可能呈一条直线。

・腰部塌陷。
・臀部上抬。

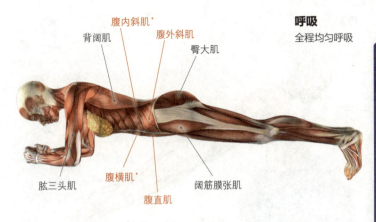

背阔肌

腹内斜肌*

腹外斜肌

臀大肌

呼吸
全程均匀呼吸

肱三头肌

腹横肌*

腹直肌

阔筋膜张肌

平板支撑

动作

身体呈俯撑姿势，双臂屈肘约呈 90 度，支撑于肩部正下方，保持背部平直，核心收紧。双脚分开至与髋同宽，脚尖支撑于垫上。在规定时间内保持姿势不变。

(!)
肩部有问题、腰背部疼痛时，谨慎练习。

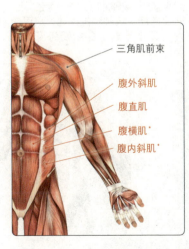

三角肌前束

腹外斜肌

腹直肌

腹横肌*

腹内斜肌*

・核心收紧。
・身体尽可能呈一条直线。

・腰部塌陷。
・臀部上抬。

3

瑞士球—平板支撑

呼吸
全程均匀呼吸

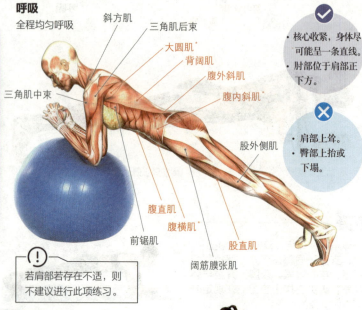

斜方肌
三角肌后束
大圆肌*
背阔肌
腹外斜肌
腹内斜肌*
三角肌中束
股外侧肌
腹直肌
腹横肌*
股直肌
前锯肌
阔筋膜张肌

· 核心收紧，身体尽可能呈一条直线。
· 肘部位于肩部正下方。

· 肩部上耸。
· 臀部上抬或下塌。

(!) 若肩部若存在不适，则不建议进行此项练习。

动作

双手紧握，双臂屈肘，放于瑞士球上。双腿伸直，双脚脚尖撑地，尽可能保持背部平直。保持姿势至规定时间。

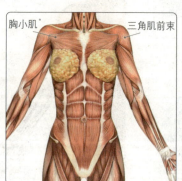

胸小肌*
三角肌前束

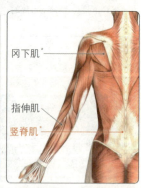

冈下肌*
指伸肌
竖脊肌

呼吸
全程均匀呼吸

三角肌
背阔肌
腹内斜肌*
臀大肌
股二头肌
股外侧肌
腓肠肌

平板支撑－单腿上举

肱三头肌
前锯肌
腹外斜肌
腹直肌
股直肌
股中间肌*

若存在肩部疼痛或肘关节不适，则不建议进行此项练习。

· 身体呈一条直线。
· 核心收紧。

· 臀部下塌或上抬。

动作

身体呈俯撑姿势，双臂弯曲，肘关节支撑于肩部下方，背部挺直，核心收紧。双肘距离与肩同宽，一侧腿向后伸直抬起，对侧脚脚尖支撑于垫面，保持姿势至规定时间。对侧亦然。

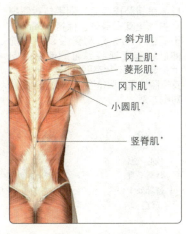

斜方肌
冈上肌*
菱形肌*
冈下肌*
小圆肌*
竖脊肌*

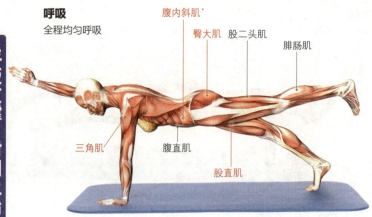

呼吸
全程均匀呼吸

腹内斜肌*

臀大肌　股二头肌

腓肠肌

三角肌

腹直肌

股直肌

! 若肩部或手臂存在不适，则不建议进行此项练习。

动作

身体呈俯卧撑姿势，侧手与对侧脚脚尖触垫支撑身体。保持支撑手位于肩部下方，对侧臂沿耳朵向前伸展，非支撑腿尽可能伸直且向上抬起。保持背部平直，核心收紧，支撑腿伸直。保持姿势至规定时间，对侧亦然。

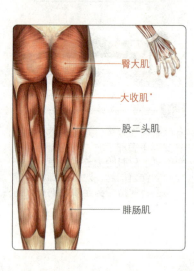

臀大肌

大收肌*

股二头肌

腓肠肌

· 核心收紧，背部平直。
· 髋部处于中立位。

· 身体重心不稳、晃动。

平板支撑－对侧上抬

• • •

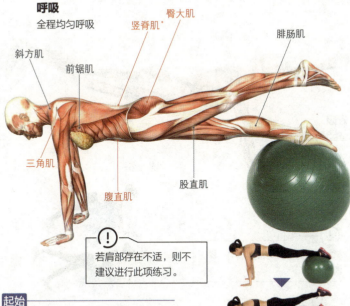

呼吸
全程均匀呼吸

臀大肌

竖脊肌*

斜方肌

腓肠肌

前锯肌

三角肌

腹直肌

股直肌

瑞士球－平板支撑－交替抬腿

若肩部存在不适，则不建议进行此项练习。

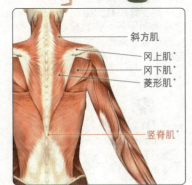

斜方肌
冈上肌*
冈下肌*
菱形肌*

竖脊肌*

起始

双侧小腿置于瑞士球上，双手撑地呈俯卧撑姿势，双手支撑于肩部正下方，保持身体从头到脚呈一条直线。

过程

保持身体稳定，一侧腿抬起至距离球面约 10 厘米，保持 2~3 秒。回到起始姿势，换对侧重复。两侧交替进行，完成规定次数。

- 双手位于肩部正下方。
- 髋部处于中立位。

- 臀部上抬。

7

瑞士球－平板支撑－对侧上抬

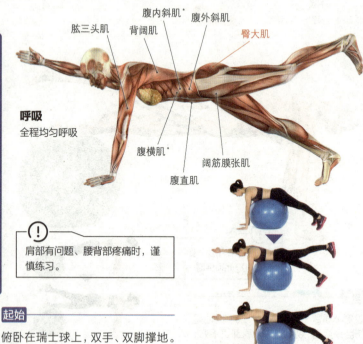

肱三头肌　背阔肌　腹内斜肌*　腹外斜肌　臀大肌

呼吸
全程均匀呼吸

腹横肌*　阔筋膜张肌

腹直肌

! 肩部有问题、腰背部疼痛时，谨慎练习。

起始

俯卧在瑞士球上，双手、双脚撑地。

过程

核心收紧，保持背部平直，同时抬起一侧手臂和对侧腿，至手臂、腿约与地面平行。回到起始姿势，换对侧重复。两侧交替进行，完成规定次数。

- 双手位于肩部正方。
- 保持髋部处于中立位。

- 臀部上抬。

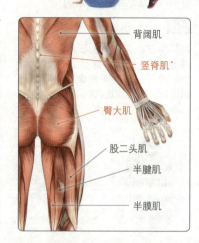

背阔肌

竖脊肌*

臀大肌

股二头肌

半腱肌

半膜肌

呼吸

全程均匀呼吸

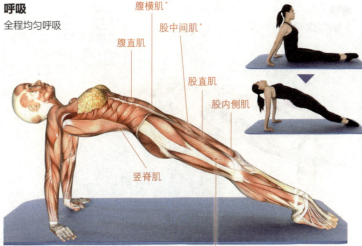

腹横肌*

股中间肌*

腹直肌

股直肌

股内侧肌

竖脊肌

股外侧肌

反向平板支撑

⊙ 若肩部存在不适，则不建议进行此项练习。

起始

身体呈坐姿，双腿向前伸直，双脚并拢，脚背绷直。双手撑于身体后，手指指向身体方向。

过程

将髋部向上抬起，使踝、膝、髋、躯干与肩部尽可能呈一条直线。保持姿势至规定时间。

• 支撑时保持肩部位于双手正上方，脚背绷直。

• 弯腰驼背。
• 腰部反弓。

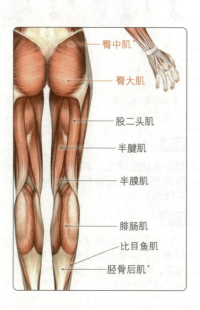

臀中肌*

臀大肌

股二头肌

半腱肌

半膜肌

腓肠肌

比目鱼肌

胫骨后肌*

瑞士球—侧移

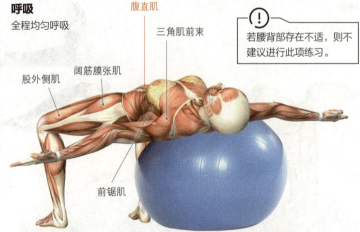

呼吸
全程均匀呼吸

腹直肌

三角肌前束

股外侧肌

阔筋膜张肌

前锯肌

若腰背部存在不适，则不建议进行此项练习。

- 保持大腿尽可能与地面平行。
- 背部挺直，核心收紧。

- 身体移动过度。
- 臀部下塌。

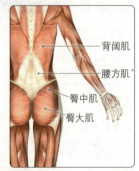

背阔肌

腰方肌

臀中肌

臀大肌

起始

仰卧于瑞士球上，将球置于两侧肩胛骨下方，臀部收紧，髋部伸直，双臂侧平举。

过程

大腿尽可能与地面平行，身体向左侧移动。恢复起始姿势，保持身体稳定，向右侧移动。回到起始姿势。完成规定次数。

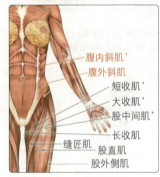

腹内斜肌*
腹外斜肌

短收肌*

大收肌*

股中间肌*

长收肌*

缝匠肌

股直肌

股外侧肌

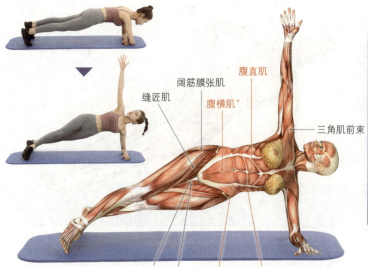

缝匠肌　阔筋膜张肌　腹横肌*　腹直肌　三角肌前束

大收肌*　长收肌　腹外斜肌　腹内斜肌*

平板支撑－转体

呼吸

全程均匀呼吸

(!) 若肩部存在不适，则不建议进行此项练习。

 · 保持伸直手臂与支撑侧上臂呈一条直线。

 · 身体过度紧张，不能向两侧转体。

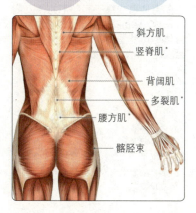

斜方肌
竖脊肌*
背阔肌
多裂肌*
腰方肌*
髂胫束

起始

身体呈俯撑姿势，双腿分开，脚尖撑垫，双臂屈肘撑于肩部下方。背部平直，核心收紧。

过程

左前臂撑地，身体整体旋转，右臂向上伸直与左上臂呈一条直线，目视右手方向。恢复起始姿势，换对侧重复。两侧交替进行，完成规定次数。

侧平板支撑—直臂

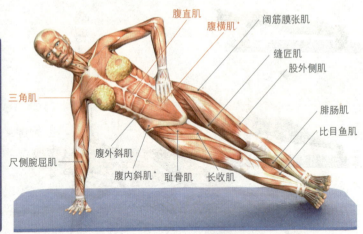

腹直肌　腹横肌*　阔筋膜张肌
缝匠肌
股外侧肌
三角肌
腓肠肌
比目鱼肌
尺侧腕屈肌
腹外斜肌
腹内斜肌*　耻骨肌　长收肌

呼吸
全程均匀呼吸

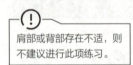

⚠ 肩部或背部存在不适，则不建议进行此项练习。

动作
侧卧，双脚并拢，下侧脚支撑于垫面，下侧臂伸直支撑于肩部下方，上侧手扶腰。保持背部平直，核心收紧，身体尽可能呈一条直线，保持姿势至规定时间，对侧亦然。

斜方肌
背阔肌
竖脊肌*
腰方肌*

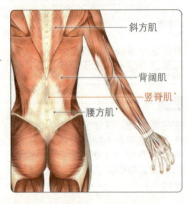

✔ ・核心收紧，背部平直。
・髋部处于中立位。

✘ ・身体重心不稳、晃动。

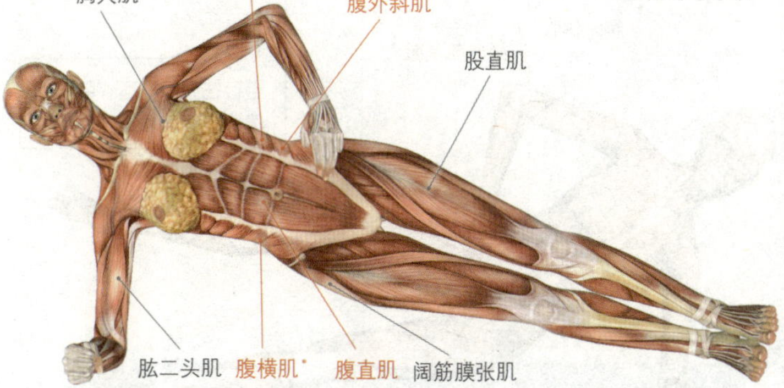
腹内斜肌*
胸大肌
腹外斜肌
股直肌
肱二头肌
腹横肌*
腹直肌
阔筋膜张肌

呼吸

全程均匀呼吸

侧平板支撑

若肩部或手臂存在不适，则不建议进行此项练习。

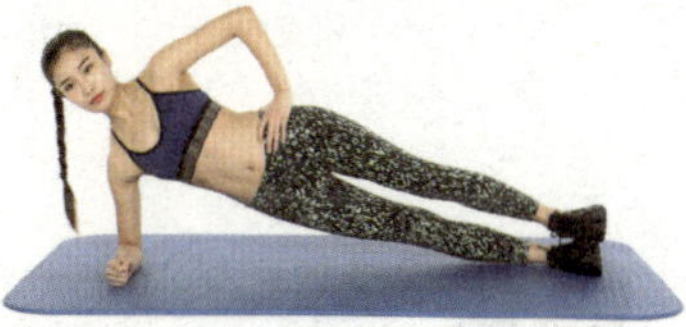

动作

侧卧，双腿伸直，双脚并拢，下侧脚支撑于垫上。下侧肘屈曲且位于肩部下方。保持背部平直，核心收紧，髋部离垫，身体呈一条直线。在规定时间内保持姿势不变。对侧亦然。

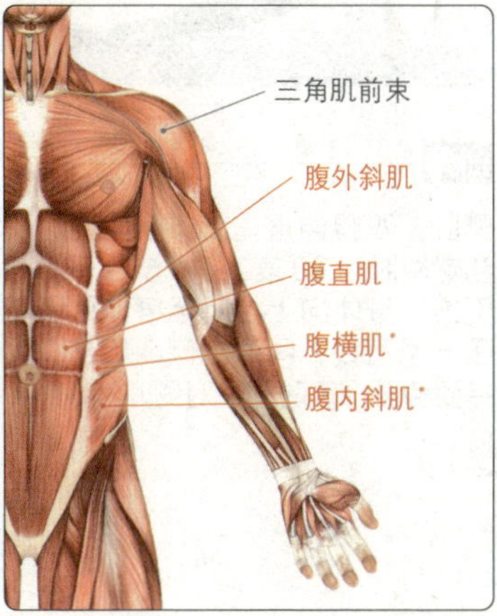
三角肌前束
腹外斜肌
腹直肌
腹横肌*
腹内斜肌*

- 核心收紧，背部平直。
- 髋部处于中立位。

- 身体重心不稳、晃动。

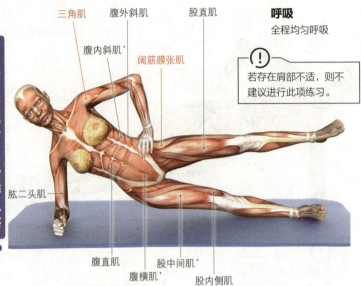

侧平板支撑－单腿上举

三角肌　腹外斜肌　股直肌

腹内斜肌*　阔筋膜张肌

呼吸
全程均匀呼吸

!
若存在肩部不适，则不建议进行此项练习。

肱二头肌

腹直肌　股中间肌*

腹横肌*　股内侧肌

· 背部挺直。
· 核心收紧。

· 髋部下塌。
· 肩部压力过大。

动作

侧卧，双腿伸直，支撑于垫面。下侧臂屈肘约 90 度，前臂支撑于肩部下方。身体向上抬起至身体尽可能呈一条直线，同时上侧腿抬起，保持姿势至规定时间。对侧亦然。

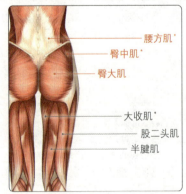

腰方肌*
臀中肌*
臀大肌

大收肌*
股二头肌
半腱肌

呼吸
全程均匀呼吸

腹外斜肌
腹内斜肌*
阔筋膜张肌
腹直肌

> 若肩部或背部存在不适，则不建议进行此项练习。

臀大肌

腓肠肌

比目鱼肌

胫骨前肌

股外侧肌

登山

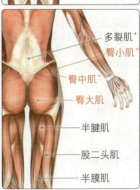

• 核心收紧，背部平直。
• 保持核心稳定。

• 背部发生偏转。

髂腰肌
缝匠肌
股中间肌*
股直肌
股外侧肌
股内侧肌

多裂肌*
臀小肌*
臀中肌*
臀大肌
半腱肌
股二头肌
半膜肌

起始

身体呈俯撑姿势，双臂伸直支撑于肩部下方，背部平直，核心收紧。双手距离略大于肩宽，双脚并拢支撑于垫面。

过程

一侧腿屈髋屈膝向上抬起至腹部下方，动作完成后恢复起始姿势，换对侧重复动作。两侧交替进行，完成规定次数。

15

死虫

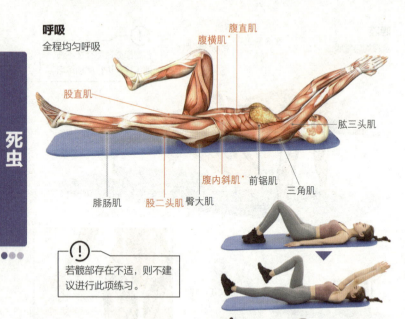

呼吸
全程均匀呼吸

腹横肌*

腹直肌

股直肌

肱三头肌

腓肠肌　　股二头肌　　臀大肌

腹内斜肌*　前锯肌

三角肌

(!)　若髋部存在不适，则不建议进行此项练习。

起始

平躺于垫面，双腿屈膝，双脚撑垫。
双臂伸直放于身体两侧。

过程

双臂伸直指向头部前上方，双腿抬
离垫面，一侧腿伸直，对侧腿屈膝。
腹部发力，双腿交换位置。重复动
作至规定次数。

（✓）
- 核心收紧，控
制动作速度。
- 腿部始终悬空。

（✗）
- 骨盆歪斜。

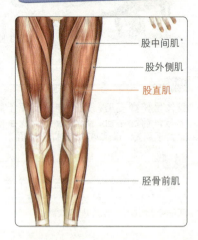

股中间肌*

股外侧肌

股直肌

胫骨前肌

16

呼吸
全程均匀呼吸

菱形肌*
三角肌后束

臀大肌

背阔肌

斜方肌

三角肌中束

三角肌前束

俯卧—Y字

当肩部有问题、腰背部疼痛时，谨慎练习。

起始

俯卧，双臂伸直外展并举过头顶，与躯干形成"Y"字，双手握拳，拇指朝上。

过程

两侧肩胛骨向内、向下收缩，上背部发力，将双臂抬起，并保持3~5秒。回到起始姿势，完成规定次数。

 ・核心收紧，背部平直。
・髋部处于中立位。

 ・身体重心不稳、晃动。

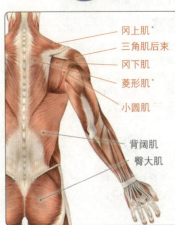

冈上肌*
三角肌后束
冈下肌
菱形肌*
小圆肌

背阔肌
臀大肌

17

瑞士球—俯卧—丫字

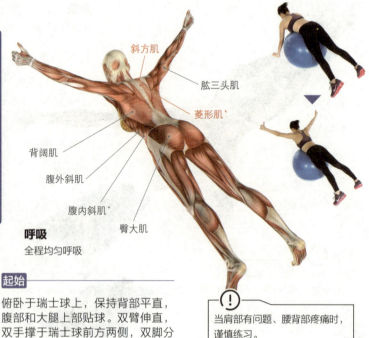

斜方肌

肱三头肌

菱形肌*

背阔肌

腹外斜肌

腹内斜肌*

臀大肌

呼吸
全程均匀呼吸

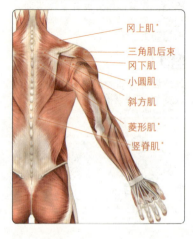

起始

俯卧于瑞士球上，保持背部平直，腹部和大腿上部贴球。双臂伸直，双手撑于瑞士球前方两侧，双脚分开支撑于地面。

过程

两侧肩胛骨向内、向下收紧，双手握拳，拇指朝上，上背部发力，将双臂抬起，直至双臂与躯干形成"丫"字，保持 3~5 秒。回到起始姿势，完成规定次数。

当肩部有问题、腰背部疼痛时，谨慎练习。

 ·核心收紧，保持背部平直。

 ·运动过程中，耸肩。

冈上肌*

三角肌后束

冈下肌

小圆肌

斜方肌

菱形肌*

竖脊肌*

呼吸
全程均匀呼吸

股二头肌

竖脊肌*

菱形肌*

臀大肌

背阔肌

斜方肌

三角肌

俯卧—对侧上抬

若背部存在不适，则不建议进行此项练习。

起始

俯卧，双腿伸直，双臂伸直向头部方向伸展，掌心向下。

过程

保持身体平衡，一侧腿伸直上抬，同时对侧臂伸直上抬。回到起始姿势，换对侧重复。两侧交替进行，完成规定次数。

· 核心收紧，腹部贴住垫面。
· 保持身体平衡。

· 四肢交替运动过快。

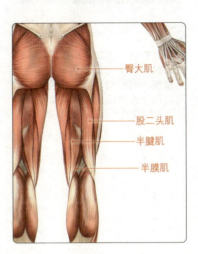

臀大肌

股二头肌

半腱肌

半膜肌

臀桥

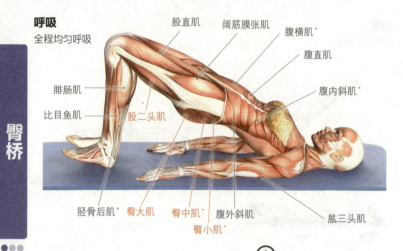

呼吸
全程均匀呼吸

股直肌
阔筋膜张肌
腹横肌*
腹直肌
腓肠肌
比目鱼肌
股二头肌
腹内斜肌*

胫骨后肌*　臀大肌　臀中肌*　腹外斜肌　肱三头肌
臀小肌*

动作

仰卧，双臂自然放于身体两侧，屈髋屈膝，脚尖勾起。臀部收紧，抬起髋部，直至肩、躯干、髋和膝尽可能在一条直线上，保持1~2秒。回到起始姿势，完成规定次数。

若髋部存在不适，则不建议进行此项练习。

· 核心收紧，脚尖抬起。

· 脚跟离地。

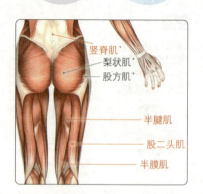

竖脊肌*
梨状肌*
股方肌*
半腱肌
股二头肌
半膜肌

呼吸

挺髋时呼气，
还原时吸气

若肩部存在不适，则不建
议进行此项练习。

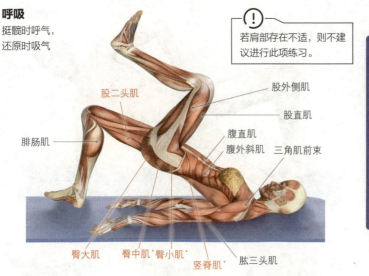

股二头肌

股外侧肌

股直肌

腓肠肌

腹直肌

腹外斜肌

三角肌前束

臀大肌

臀中肌* 臀小肌*

竖脊肌*

肱三头肌

臀桥—军步

● ● ●

动作

仰卧，双臂自然放于身体两侧，屈
膝，脚尖勾起，臀部收紧，抬起髋
部，直至肩、躯干、髋和膝尽可
能在一条直线上。一侧腿屈髋屈膝
抬起，保持姿势至规定时间。对侧
亦然。

· 挺髋过程中支
撑腿膝和脚尖
方向一致。

· 支撑腿晃动。

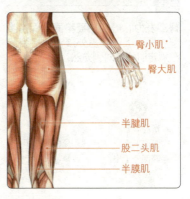

臀小肌*

臀大肌

半腱肌

股二头肌

半膜肌

蚌式支撑

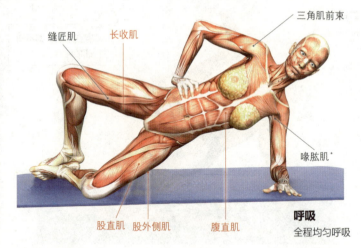

三角肌前束

缝匠肌

长收肌

喙肱肌*

股直肌 股外侧肌 腹直肌

呼吸
全程均匀呼吸

起始

侧卧，下侧手及前臂撑垫，上侧手扶髋。双腿屈膝，脚跟并拢。

过程

臀部发力，髋部抬离垫面。保持腹部收紧，上侧膝盖外展，保持姿势至规定时间。对侧亦然。

若肩部或髋部存在不适，则不建议进行此项练习。

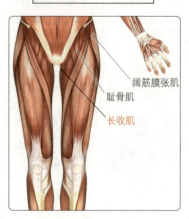

阔筋膜张肌

耻骨肌

长收肌

· 核心收紧，背部平直。
· 髋部处于中立位。

· 身体重心不稳、晃动。

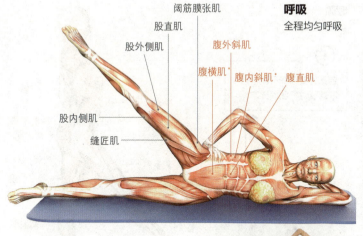

阔筋膜张肌
股直肌
股外侧肌
股内侧肌
缝匠肌

腹外斜肌
腹横肌*　腹内斜肌*　腹直肌

呼吸
全程均匀呼吸

侧卧—髋外展

若髋部存在不适，则不建议进行此项练习。

起始

侧卧，头部枕于下侧臂，上侧手扶住髋部外侧，双腿伸直，双脚并拢。

过程

保持身体稳定，上侧腿向上抬起，保持 1~2 秒。动作完成，恢复起始姿势，完成规定次数。对侧亦然。

　・抬起腿在一个平面内运动。

　・双腿膝关节弯曲。
・身体晃动。

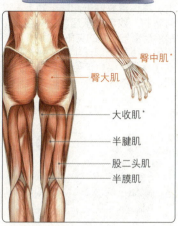

臀中肌*
臀大肌
大收肌*
半腱肌
股二头肌
半膜肌

23

呼吸

全程均匀呼吸

若踝关节存在不适，则
不建议进行此项练习。

半轴–单腿平衡

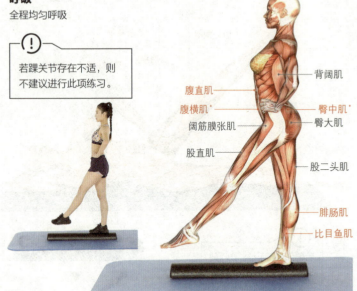

背阔肌

腹直肌

腹横肌*

臀中肌*

阔筋膜张肌

臀大肌

股直肌

股二头肌

腓肠肌

比目鱼肌

动作

将泡沫半轴曲面朝上纵向置于垫
上，身体直立站于泡沫半轴上，双
臂弯曲，双手扶于腰部。一侧腿向
前抬起至与地面的夹角约为 45 度，
使足底平行于泡沫半轴，另一侧腿
支撑身体。保持该姿势至规定的时
间，对侧亦然。

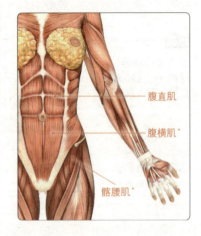

腹直肌

腹横肌*

髂腰肌*

・核心收紧，
　背部平直。
・髋部处于中
　立位。

・身体重心不
　稳、晃动。

24

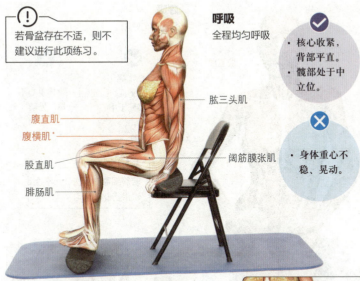

若骨盆存在不适，则不建议进行此项练习。

呼吸
全程均匀呼吸

肱三头肌

腹直肌
腹横肌*

股直肌

腓肠肌

阔筋膜张肌

✓
- 核心收紧，背部平直。
- 髋部处于中立位。

✗
- 身体重心不稳、晃动。

半轴—骨盆倾斜

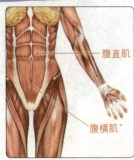

腹直肌

腹横肌*

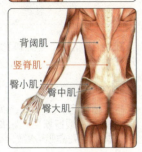

背阔肌

竖脊肌*

臀小肌
臀中肌
臀大肌

起始

将泡沫半轴平面朝上置于垫上，双腿弯曲，双脚压于半泡沫轴上。在臀部与椅面之间再放置一个平面朝上的泡沫半轴，身体坐于椅子上，挺胸抬头。双手扶于身体两侧的泡沫半轴上。

过程

身体略微后仰，使骨盆向前倾斜。保持身体稳定，恢复起始姿势。身体前倾，使骨盆向后倾斜。恢复起始姿势。重复动作，完成规定次数。

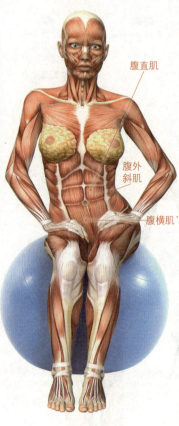

腹直肌

腹外斜肌

腹横肌*

瑞士球－转髋

呼吸
全程均匀呼吸

· 核心收紧，
背部平直。
· 髋部处于中
立位。

· 身体重心不
稳、晃动。

若髋部存在损伤，则不建
议进行此项练习。

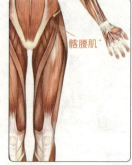
髂腰肌*

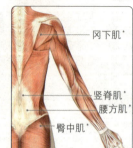
冈下肌*

竖脊肌*
腰方肌*

臀中肌*

起始

坐在瑞士球上，挺胸直背，双膝
并拢。

过程

保持身体稳定，将一侧髋部抬起至
最大幅度。缓慢恢复起始姿势，换
对侧重复。完成规定次数。

第 2 章

核心
力量
训练

瑞士球—伸髋挺身

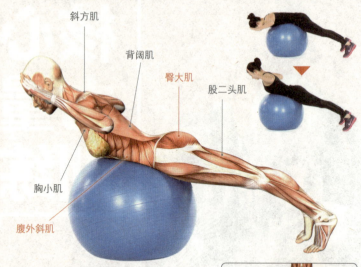

斜方肌

背阔肌

臀大肌

股二头肌

胸小肌

腹外斜肌

(!) 若背部存在不适，则不建议进行此项练习。

呼吸
身体下降时吸气，
上升时呼气

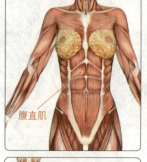

腹直肌

起始

俯卧于瑞士球上，胸部及腹部贴球支撑，屈肘举起双臂置于头部两侧，掌心向下。

过程

双侧肩胛骨收紧，挺直身体，身体从头到脚踝尽可能呈一条直线。恢复起始姿势，完成规定次数。

· 核心收紧，
背部平直。

· 动作幅度过大，身体重心不稳。

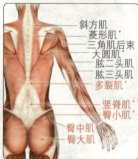

斜方肌
菱形肌*
三角肌后束*
大圆肌*
肱二头肌*
肱三头肌*
多裂肌*

竖脊肌*
臀小肌*

臀中肌*
臀大肌

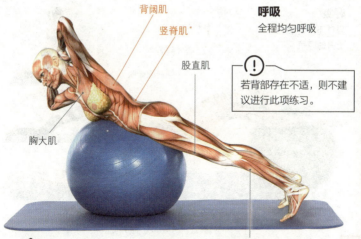

背阔肌

竖脊肌*

股直肌

胸大肌

呼吸
全程均匀呼吸

(!) 若背部存在不适，则不建议进行此项练习。

胫骨前肌

瑞士球—转肩

●●●

✓
· 臀部收紧。
· 双腿始终伸直。

✗
· 背部弓起。

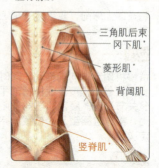

三角肌后束
冈下肌*
菱形肌*
背阔肌
竖脊肌*

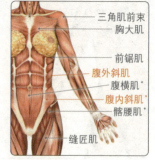

三角肌前束
胸大肌
前锯肌
腹外斜肌
腹横肌*
腹内斜肌
髂腰肌*
缝匠肌

起始

俯卧于瑞士球上，背部平直，胸部不贴球，腹部与髋部贴球，双手置于头后。

过程

挺胸，躯干向一侧旋转至最大幅度。恢复起始姿势，换对侧重复。两侧交替进行，完成规定次数。

29

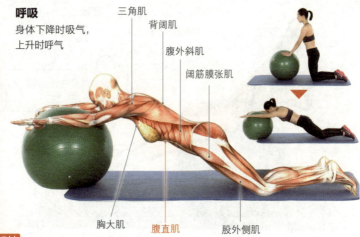

呼吸
身体下降时吸气，上升时呼气

三角肌
背阔肌
腹外斜肌
阔筋膜张肌

胸大肌　腹直肌　股外侧肌

瑞士球—前推

起始

跪在瑞士球前，双手置于球上，位置与髋同高。

过程

慢慢将瑞士球向前推动，同时伸展身体至最大幅度，保持背部平直、膝关节稳定。腹部和下背部肌肉发力，将球拉回至起始位置。完成规定次数。

! 若肩关节存在不适，则不建议进行此项练习。

✓ ・核心收紧，背部平直。

✗ ・背部弓起。

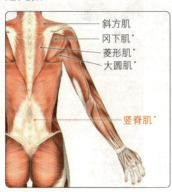

斜方肌
冈下肌*
菱形肌*
大圆肌*
竖脊肌*

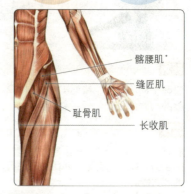

髂腰肌*
缝匠肌
耻骨肌
长收肌

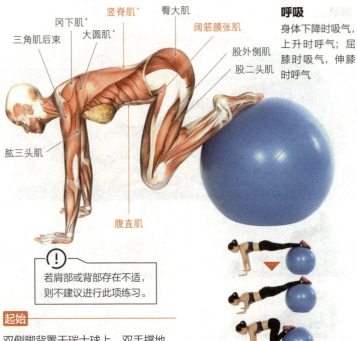

冈下肌*
三角肌后束
大圆肌*
竖脊肌*
臀大肌
阔筋膜张肌
股外侧肌
股二头肌
肱三头肌
腹直肌

呼吸
身体下降时吸气，
上升时呼气；屈
膝时吸气，伸膝
时呼气

瑞士球－俯卧撑屈膝

● ● ●

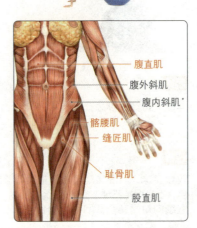

(!) 若肩部或背部存在不适，
则不建议进行此项练习。

起始

双侧脚背置于瑞士球上，双手撑地，
呈俯撑姿势，双手支撑于肩部正下方，
保持身体从头到脚呈一条直线。

过程

双臂屈肘，身体下沉至胸部尽可能
靠近地面，上臂与躯干夹角约为45
度。双臂撑起，然后屈膝，直至大
腿约与地面垂直。恢复起始姿势，
完成规定次数。

✔
· 背部挺直，核
  心收紧。
· 双手位于肩部
  正下方。

✘
· 臀部上抬。

腹直肌
腹外斜肌
腹内斜肌*
髂腰肌*
缝匠肌
耻骨肌
股直肌

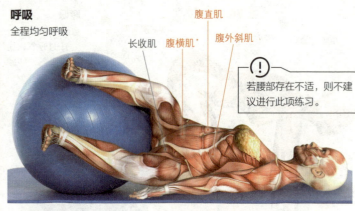

呼吸
全程均匀呼吸

长收肌 腹横肌* 腹直肌 腹外斜肌

若腰部存在不适，则不建议进行此项练习。

 保持肩部放松。核心收紧。

 头部向上抬离垫面。

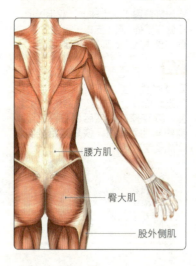

腰方肌*

臀大肌

股外侧肌

起始

仰卧，将瑞士球夹在小腿与大腿之间。双臂置于身体两侧，掌心向下。

过程

双腿夹球，向左转动髋部至最大幅度，上身保持不动。回到起始姿势，继续向对侧转髋。回到起始姿势，完成规定次数。

瑞士球—抬腿转髋

呼吸

身体下降时吸气，
上升时呼气

若腰部存在不适则不建
议进行此项练习。

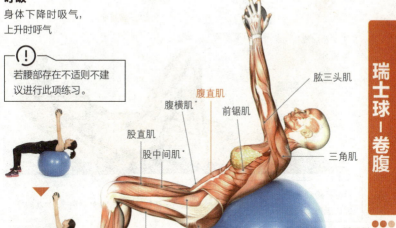

腹直肌
腹横肌*
前锯肌
肱三头肌
股直肌
股中间肌*
三角肌
阔筋膜张肌
股二头肌
臀大肌

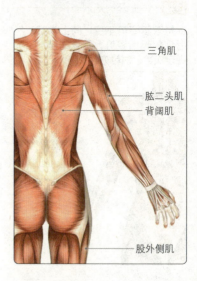

三角肌
肱二头肌
背阔肌
股外侧肌

瑞士球—卷腹

 起始

仰卧于瑞士球上，背部紧贴球面，
屈膝约90度，躯干、大腿与地面
平行。双手持哑铃，双臂伸直上举。

 过程

腰部自然贴住瑞士球，核心收紧，
肩部抬起，向上卷腹，双臂保持上拳。
恢复起始姿势，完成规定次数。

- 核心收紧，背部平直。
- 双脚紧贴地面。

- 背部弯曲。
- 双臂晃动。

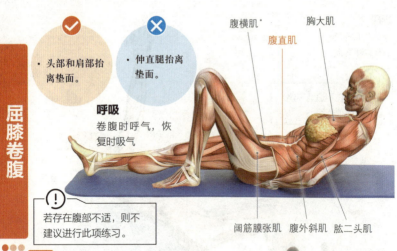

屈膝卷腹

✓
・头部和肩部抬
离垫面。

✗
・伸直腿抬离垫面。

呼吸
卷腹时呼气，恢复时吸气

! 若存在腹部不适，则不建议进行此项练习。

腹横肌*　　胸大肌
腹直肌
阔筋膜张肌　腹外斜肌　肱二头肌

起始

身体仰卧在垫上，双手放于腰部下方，一侧腿屈膝，对侧腿伸直，脚跟着垫。

过程

保持双腿姿势不变，向上卷腹，然后恢复起始姿势。重复动作，完成规定次数。对侧亦然。

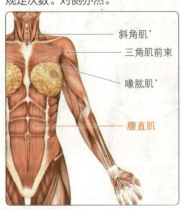

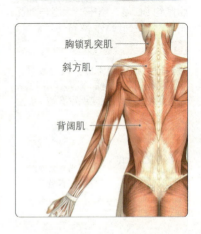

斜角肌*
三角肌前束
喙肱肌*
腹直肌

胸锁乳突肌
斜方肌
背阔肌

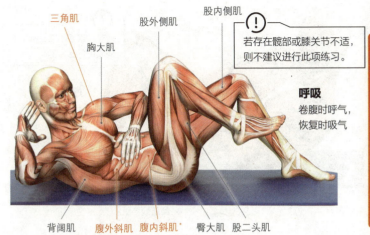

三角肌　胸大肌　股外侧肌　股内侧肌

若存在髋部或膝关节不适，则不建议进行此项练习。

呼吸
卷腹时呼气，恢复时吸气

背阔肌　腹外斜肌　腹内斜肌*　臀大肌　股二头肌

虫式卷腹

· 保持核心收紧。

· 颈部发力。
· 扭转幅度过大。

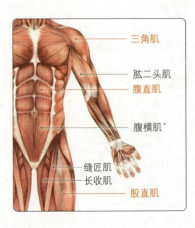

三角肌
肱二头肌
腹直肌
腹横肌*
缝匠肌
长收肌
股直肌

起始

仰卧，屈膝屈髋，双脚撑垫。双臂伸直放于身体两侧。

过程

一侧手扶于耳侧，对侧手放于腹部，向扶耳侧卷腹，同时扶耳侧腿向上抬起。换对侧重复。两侧交替进行，完成规定次数。

35

三方向卷腹

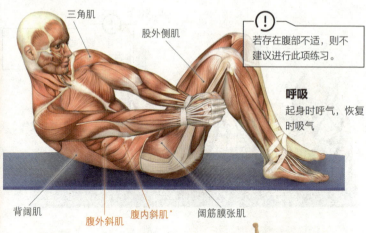

三角肌

股外侧肌

! 若存在腹部不适，则不建议进行此项练习。

呼吸
起身时呼气，恢复时吸气

背阔肌

腹外斜肌

腹内斜肌*

阔筋膜张肌

✓ · 上身转动时，手臂始终伸直。

✗ · 双脚或膝盖随上身运动而偏转。

起始

仰卧，屈膝屈髋，双脚撑垫，双臂伸直向上，尽可能与地面垂直，双手紧握。

过程

核心收紧，向上卷腹，同时上身向一侧偏转，双臂落于大腿外侧。恢复起始姿势。腹部发力，向上卷腹，双臂落于双腿中间。恢复起始姿势。保持核心收紧，再次向上卷腹，上身向另一侧偏转，双手落于大腿外侧。恢复起始姿势。重复动作，完成规定次数。

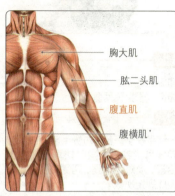

胸大肌

肱二头肌

腹直肌

腹横肌*

若髋关节出现疼痛，则不建议进行此项练习。

腹外斜肌
腹内斜肌*
股横肌*
腹直肌
股外侧肌
胫骨前肌

呼吸
躯干屈曲时呼气，
还原时吸气

起始

坐于训练器上，调整座椅位置。膝关节屈曲，双脚勾住支撑垫，用上方把手固定肩部，双手放于两侧把手上。

过程

核心收紧，躯干屈曲至最大限度。恢复起始姿势，完成规定的次数。

· 上身保持挺直。
· 保持下肢固定，腹部发力。

· 双臂发力。
· 背部弯曲。

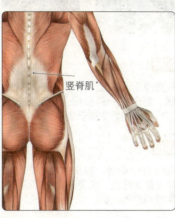

竖脊肌*

器械－反向卷腹

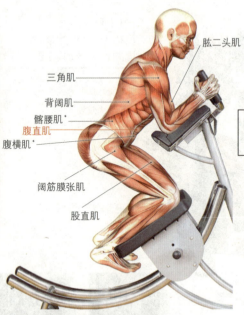

肱二头肌

三角肌

背阔肌

髂腰肌*

腹直肌

腹横肌*

阔筋膜张肌

股直肌

呼吸
卷腹时呼气，
还原时吸气

 若髋关节出现疼痛，则
不建议进行此项练习。

- 腹部主动发力。
- 膝关节和前臂
  紧贴垫子。

- 臀部后翘。
- 背部弯曲。

起始

双膝跪于训练器上，尽可能保持膝、
髋、躯干在一条直线上。双手握上
方把手，前臂支撑于垫子上。

过程

保持身体稳定，腹部收缩，屈髋屈
膝至最大限度。缓慢恢复起始姿势，
完成规定的次数。

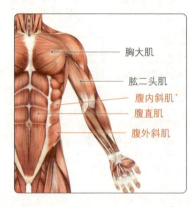

胸大肌

肱二头肌

腹内斜肌*

腹直肌

腹外斜肌

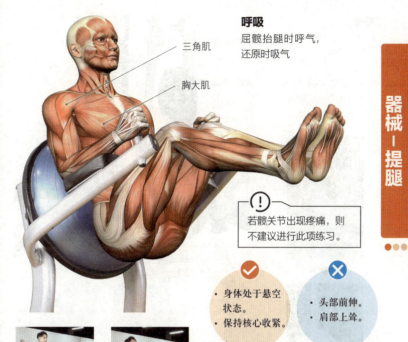

三角肌

胸大肌

呼吸
屈髋抬腿时呼气，
还原时吸气

器械—提腿

!
若髋关节出现疼痛，则
不建议进行此项练习。

● ● ●

✓
· 身体处于悬空
  状态。
· 保持核心收紧。

✗
· 头部前伸。
· 肩部上耸。

起始

背部紧贴训练器靠背，前臂支撑于
垫子上，身体悬空。

过程

保持身体稳定，核心收紧，屈髋抬腿。
双腿向上抬起至最大限度。恢复起
始姿势，完成规定的次数。

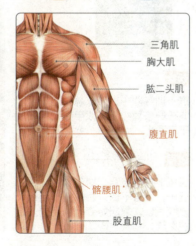

三角肌

胸大肌

肱二头肌

腹直肌

髂腰肌

股直肌

呼吸

躯干屈曲时呼气，
还原时吸气

(!) 若髋关节出现疼痛，则
不建议进行此项练习。

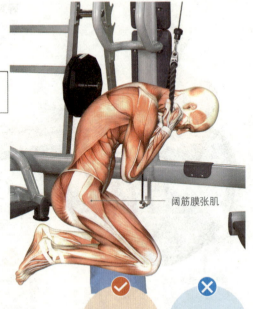

阔筋膜张肌

✓
· 腹部主动发力。
· 保持核心收紧。

✗
· 头部代偿。
· 动作速度过快。

起始

跪于训练器中，膝、髋和躯干尽可
能在一条直线上，双手握把手，放
于下颌处。

过程

保持下背部挺直，腹部收缩，屈曲
躯干，上身下俯。屈曲躯干至最大
限度后，恢复起始姿势。完成规定
的次数。

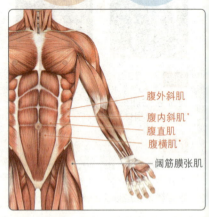

腹外斜肌
腹内斜肌*
腹直肌
腹横肌*
阔筋膜张肌

绳索－跪姿－卷腹 ●●●

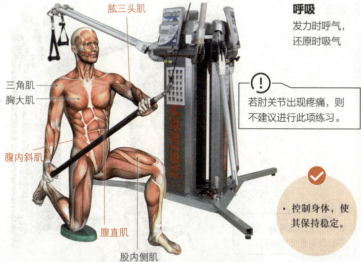

肱三头肌

三角肌
胸大肌

腹内斜肌

腹直肌

股内侧肌

呼吸
发力时呼气，
还原时吸气

(!) 若肘关节出现疼痛，则
不建议进行此项练习。

绳索—半跪姿—下砍

✓
· 控制身体，使
其保持稳定。

✗
· 身体晃动。
· 双脚移动位置。

起始

侧对训练器呈半跪姿，躯干直立，内
侧腿支撑于地面，且屈膝屈髋约 90
度，外侧腿膝盖支撑于垫上，屈膝约
90 度。内侧手臂伸直，握斜上方杆
子靠近绳索的一端，外侧手臂屈肘握
杆子末端于胸前。

过程

保持身体稳定、躯干直立，外侧手
臂伸直，斜向下拉杆子，同时内侧
手臂沿着拉动方向屈肘。外侧手保
持不动，内侧手水平方向推杆至手
臂伸直。恢复起始姿势，完成规定
的次数。对侧亦然。

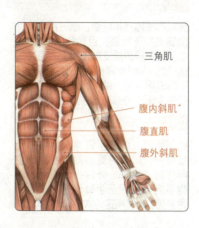

三角肌

腹内斜肌*

腹直肌

腹外斜肌

呼吸
发力时呼气,
还原时吸气

绳索—半跪姿—上提

肱三头肌
胸大肌
腹内斜肌*
腹直肌
腹外斜肌
股外侧肌

(!) 若肩关节出现疼痛,则
不建议进行此项练习。

• • •

✓
• 控制身体,使
其保持稳定。

✗
• 上身晃动。
• 双脚移动位置。

起始

侧对训练器呈半跪姿,躯干直立,外
侧腿支撑于地面,且屈膝屈髋约 90
度,内侧腿膝盖支撑于垫上,屈膝约
90 度。内侧手臂伸直,握斜下方杆
子靠近绳索的一端,外侧手臂屈肘握
杆子末端于胸部前上方。

过程

躯干直立,外侧手臂伸直,斜向上
拉杆子,同时内侧手臂沿着拉动方
向屈肘于胸前。外侧手臂屈肘,内
侧手向前推杆至手臂伸直。恢复起
始姿势,完成规定的次数。对侧亦然。

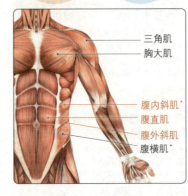

三角肌
胸大肌

腹内斜肌*
腹直肌
腹外斜肌
腹横肌*

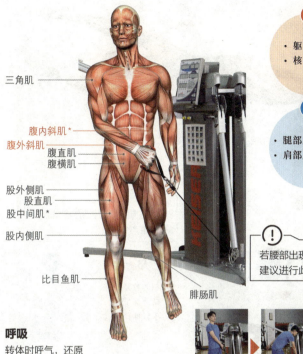

三角肌

腹内斜肌*
腹外斜肌
腹直肌
腹横肌

股外侧肌
股直肌
股中间肌*

股内侧肌

比目鱼肌

腓肠肌

- 躯干挺直。
- 核心收紧。

- 腿部发力过猛。
- 肩部上耸。

若腰部出现疼痛，则不建议进行此项练习。

绳索－旋转上拉

呼吸
转体时呼气，还原时吸气

起始
侧对训练器站立，双脚支撑于地面，外侧手持把手。

过程
躯干挺直，向内旋转至外侧手位于内侧腿前方。躯干挺直，蹬腿的同时躯干对抗阻力向外旋转，直至身体直立。回到起始姿势，完成规定的次数。对侧亦然。

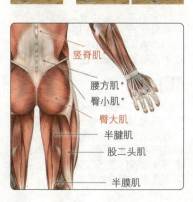

竖脊肌
腰方肌*
臀小肌*
臀大肌
半腱肌
股二头肌
半膜肌

瑞士球 – 俄罗斯转体

呼吸
全程均匀呼吸

股直肌

缝匠肌

腹直肌

腹内斜肌*

腹外斜肌

背阔肌

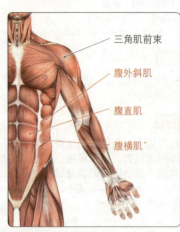

当肩部有问题、腰背部疼痛时，谨慎练习。

✓ · 核心收紧，保持背部平直，手臂伸直。

✗ · 背部弓起。

三角肌前束

腹外斜肌

腹直肌

腹横肌*

起始

仰卧于瑞士球上，瑞士球置于两侧肩胛骨下方，双脚撑地，臀部收紧，髋部伸直。肩胛骨收紧，双臂伸直，双手持药球于胸部正上方。

过程

核心收紧，伸髋，保持躯干、大腿在一条直线上，向一侧转体至双臂大致与地面平行。躯干转动，将药球转向身体的对侧，直至手臂大致平行于地面。回到起始位置。重复以上步骤，完成规定次数。

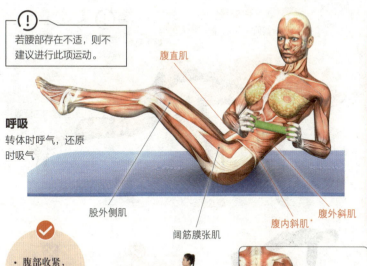

若腰部存在不适，则不建议进行此项运动。

腹直肌

呼吸
转体时呼气，还原时吸气

股外侧肌

阔筋膜张肌

腹内斜肌*

腹外斜肌

哑铃－俄罗斯转体

- 腹部收紧，躯干旋转。

- 身体过度后仰。

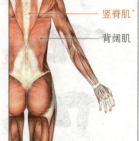

竖脊肌*
背阔肌

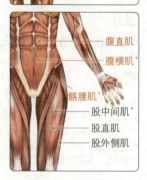

腹直肌
腹横肌*
髂腰肌*
股中间肌*
股直肌
股外侧肌

起始

坐于垫上，臀部支撑身体。双腿屈髋屈膝抬起，双臂屈肘，双手分别持握哑铃的两端置于体前，下背部挺直。

过程

保持身体姿势不变，上身向一侧旋转，同时将哑铃移至身体外侧，停顿片刻。身体恢复起始姿势，换对侧重复。重复以上动作，完成规定次数。

滑贴—登山

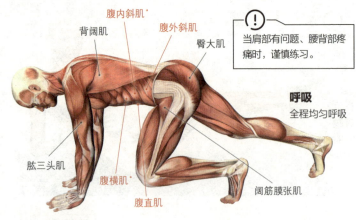

背阔肌

腹内斜肌*

腹外斜肌

臀大肌

肱三头肌

腹横肌*

腹直肌

阔筋膜张肌

当肩部有问题、腰背部疼痛时，谨慎练习。

呼吸
全程均匀呼吸

- 臀部收紧。
- 始终有一侧腿保持伸直。

- 背部弓起。

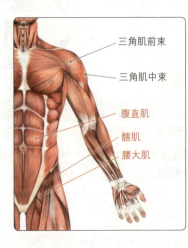

三角肌前束

三角肌中束

腹直肌

髂肌

腰大肌

起始

身体呈俯撑姿势，双脚脚尖踩于滑贴上。

过程

保持背部平直，核心收紧。一侧腿屈髋屈膝使膝盖接近同侧手臂，另一侧腿伸直。屈膝腿伸直，换另一侧腿屈髋屈膝，重复动作。两侧交替进行，完成规定次数。

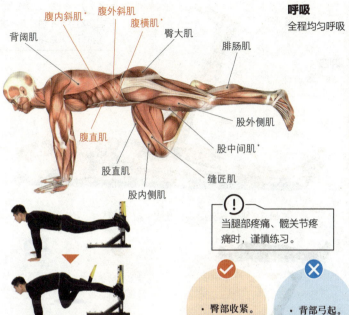

腹内斜肌*　腹外斜肌*　腹横肌*　臀大肌　腓肠肌　背阔肌

股外侧肌

股中间肌*

腹直肌

股直肌

缝匠肌

股内侧肌

呼吸
全程均匀呼吸

TRX—登山

当腿部疼痛、髋关节疼痛时，谨慎练习。

✓ ·臀部收紧。　❌ ·背部弓起。

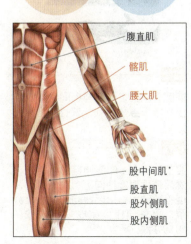

腹直肌
髂肌
腰大肌

股中间肌*
股直肌
股外侧肌
股内侧肌

起始

身体呈俯撑姿势，双脚分别勾住TRX悬挂绳的两个环扣，双手支撑于地面，身体呈一条直线。

过程

一侧腿屈髋屈膝，使大腿尽可能地向胸部靠近，另一侧腿保持不动。屈膝腿伸直，换另一侧腿重复动作，两侧交替进行，完成规定次数。

仰卧—单腿转动

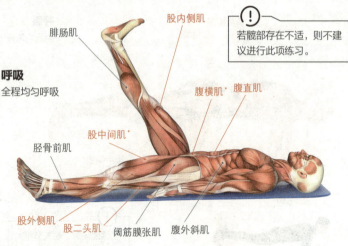

腓肠肌

股内侧肌

呼吸
全程均匀呼吸

> ⚠ 若髋部存在不适，则不建议进行此项练习。

腹横肌* 腹直肌

股中间肌*

胫骨前肌

股外侧肌 股二头肌 阔筋膜张肌 腹外斜肌

✓
· 背部紧贴垫面。
· 腹部收紧。

✗
· 头部向上抬起。

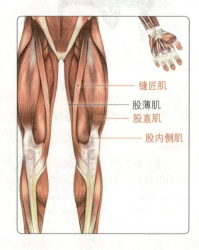

缝匠肌
股薄肌
股直肌
股内侧肌

起始

仰卧于垫上。双腿与肩同宽，双臂自然放于身体两侧，掌心向下。

过程

腹部收紧，一侧腿伸直向上抬起，然后最大限度地向下、向外打开，但不要触地。抬起腿向对侧移至极限。重复动作，完成规定次数。对侧亦然。

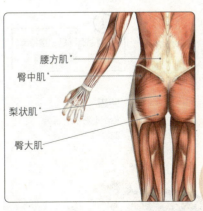

腰方肌*
臀中肌*
梨状肌*
臀大肌

呼吸
手臂和腿抬起时呼气，还原时吸气

若下背部存在不适，则不建议进行此项练习。

· 腹部收紧。
· 四肢保持悬空。

· 动作速度过快。
· 双腿膝关节弯曲。

仰卧-两头起

起始

仰卧于垫上，双腿伸直，向两侧打开，并略微抬起。双臂上举，抬于头部两侧。

过程

腹部收紧，双腿和双臂同时向上抬起，双手接触小腿。重复动作，完成规定次数。

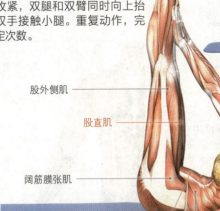

股外侧肌
股直肌
阔筋膜张肌
背阔肌
腹横肌*　腹内斜肌*　腹直肌

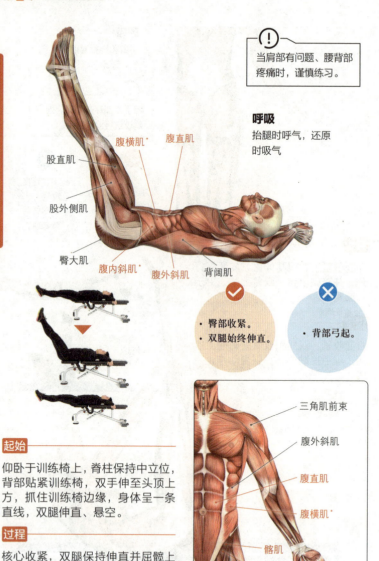

训练椅－仰卧举腿

呼吸
抬腿时呼气，还原时吸气

当肩部有问题、腰背部疼痛时，谨慎练习。

股直肌
股外侧肌
腹横肌*
腹直肌
臀大肌
腹内斜肌*
腹外斜肌
背阔肌

· 臀部收紧。
· 双腿始终伸直。

· 背部弓起。

三角肌前束
腹外斜肌
腹直肌
腹横肌*
髂肌
腰大肌

起始

仰卧于训练椅上，脊柱保持中立位，背部贴紧训练椅，双手伸至头顶上方，抓住训练椅边缘，身体呈一条直线，双腿伸直、悬空。

过程

核心收紧，双腿保持伸直并屈髋上抬。双腿缓慢下放，回到起始位置，完成规定次数。

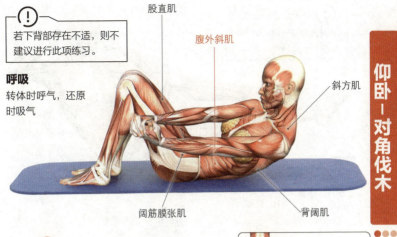

股直肌

腹外斜肌

斜方肌

! 若下背部存在不适，则不建议进行此项练习。

呼吸
转体时呼气，还原时吸气

阔筋膜张肌

背阔肌

仰卧－对角伐木

- 下颌向下收紧。
- 全程保持核心收紧。

- 颈部向前伸。
- 双脚移动位置。

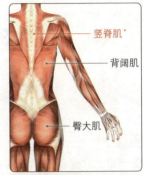

竖脊肌*

背阔肌

臀大肌

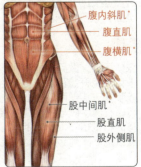

腹内斜肌*
腹直肌
腹横肌*

股中间肌*

股直肌

股外侧肌

仰卧于垫上，双腿屈膝，双脚着垫。双手交叉握紧，自然落于腹部。

过程

卷腹起身，上身转向一侧，双手随之落于大腿外侧。停顿片刻，换对侧重复。两侧交替进行，完成规定次数。

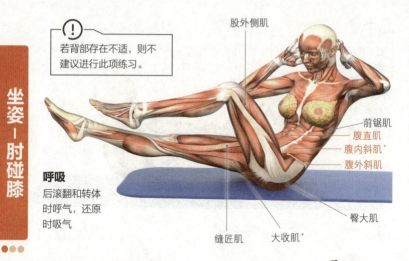

若背部存在不适，则不建议进行此项练习。

股外侧肌
前锯肌
腹直肌
腹内斜肌*
腹外斜肌*
臀大肌
缝匠肌
大收肌*

呼吸
后滚翻和转体时呼气，还原时吸气

坐姿—肘碰膝

- 全程保持核心收紧。
- 双腿动作过快。

起始
坐于垫上，臀部支撑身体。上身略微后倾，双腿屈膝，双脚抬离垫面，双手环抱膝盖。

过程
身体后仰，做后滚翻动作，臀部及下背部离开垫面。恢复起始姿势，双手扶于头部两侧。上身向左侧扭转，右侧手肘与对侧膝盖接触。上身向右侧扭转，左侧手肘与对侧膝盖接触。回到起始姿势，完成规定次数。

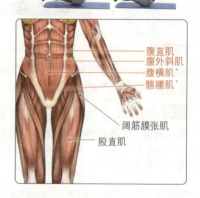

腹直肌
腹外斜肌
腹横肌*
髂腰肌*
阔筋膜张肌
股直肌

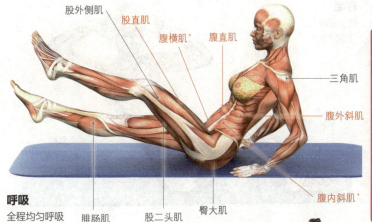

股外侧肌
股直肌
腹横肌*
腹直肌
三角肌
腹外斜肌
腹内斜肌*

呼吸
全程均匀呼吸

腓肠肌　　股二头肌　　臀大肌

若背部存在不适，则不建议进行此项练习。

- 双臂位置保持固定。
- 保持核心收紧，背部挺直。

- 颈部向前伸。
- 背部弯曲。

起始

坐于垫上，臀部支撑身体，双手掌心向下落于身体两侧。双腿微屈，向上抬起。

过程

保持核心收紧，双腿呈剪刀姿势，一侧腿在上，对侧腿在下。双腿交换位置。两侧交替进行，完成规定次数。

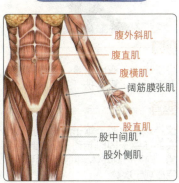

腹外斜肌
腹直肌
腹横肌*
阔筋膜张肌
股直肌
股中间肌*
股外侧肌

呼吸
转体时呼气，
还原时吸气

坐姿－转体

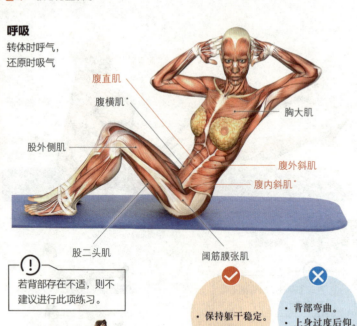

腹直肌

腹横肌*

胸大肌

股外侧肌

腹外斜肌

腹内斜肌*

股二头肌

阔筋膜张肌

若背部存在不适，则不
建议进行此项练习。

・保持躯干稳定。

・背部弯曲。
・上身过度后仰。

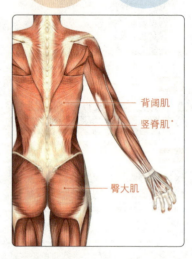

背阔肌

竖脊肌*

臀大肌

起始

坐于垫上，双腿屈膝，双脚撑垫。
背部挺直，双手扶于头部两侧。

过程

保持核心收紧，躯干向一侧扭转，
头部随躯干同时转动。回到起始姿
势，向另一侧转体。回到起始姿势，
完成规定次数。

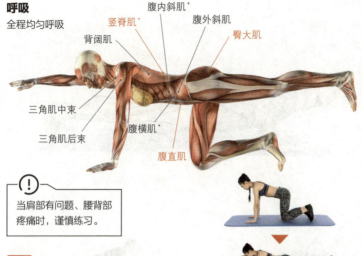

呼吸

全程均匀呼吸

竖脊肌*

腹内斜肌*

腹外斜肌

臀大肌

背阔肌

三角肌中束

三角肌后束

腹横肌*

腹直肌

● ● ●

当肩部有问题、腰背部疼痛时，谨慎练习。

起始

跪于垫上，双臂伸直，双手支撑于垫面，保持背部平直，核心收紧。

过程

保持身体稳定的同时，一侧手臂伸直并沿耳边向前抬起，对侧腿向后抬起伸直至与地面平行。抬起的手臂屈肘，同时抬起的腿屈髋屈膝，使肘部与对侧膝部在躯干下方正中位置相碰。恢复一侧手臂伸直，对侧腿抬起至与地面平行的姿势，重复肘膝触碰动作，完成规定次数。换对侧重复。

· 臀部收紧。

· 运动过程中身体过度摇晃。

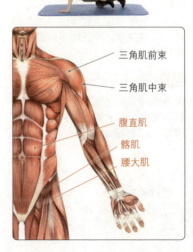

三角肌前束

三角肌中束

腹直肌

髂肌

腰大肌

俯卧撑

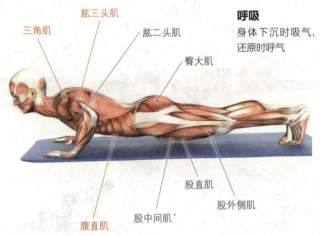

三角肌
肱三头肌
肱二头肌
臀大肌

呼吸
身体下沉时吸气，
还原时呼气

腹直肌
股中间肌*
股直肌
股外侧肌

 若肩部或上肢存在不适，
则不建议进行此项练习。

起始

身体呈俯垫姿势，双手间距与肩同宽，双脚并拢。腰背部保持挺直，身体呈一条直线。

过程

保持核心收紧，双臂屈肘，身体下沉。双臂发力，向上撑起身体，恢复起始姿势。完成规定次数。

- 核心收紧，身体呈一条直线。

- 臀部下塌。
- 背部弓起。

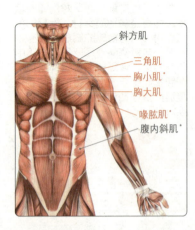

斜方肌
三角肌
胸小肌*
胸大肌
喙肱肌*
腹内斜肌*

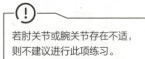

若肘关节或腕关节存在不适，则不建议进行此项练习。

呼吸
身体下沉时吸气，还原时呼气

单腿俯卧撑

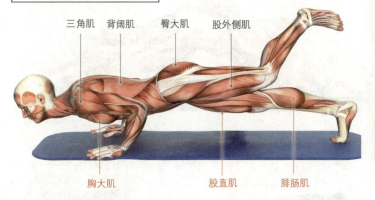

三角肌　背阔肌　臀大肌　股外侧肌

胸大肌　　　股直肌　　腓肠肌

·背部挺直。
·核心收紧。

·肘关节锁死。
·抬起的一侧腿随意摆放。

起始

身体呈俯撑姿势，双手间距略比肩宽，一侧脚抬起。腰背部保持挺直，上身尽可能呈一条直线。

过程

保持身体稳定，双臂屈肘，身体下沉，然后恢复起始姿势。完成规定次数。对侧亦然。

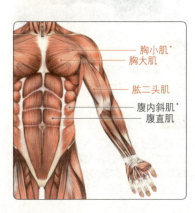

胸小肌*
胸大肌

肱二头肌

腹内斜肌*
腹直肌

单臂俯卧撑

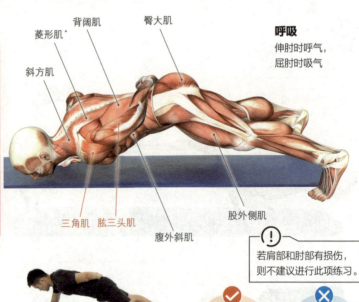

菱形肌*

背阔肌

臀大肌

斜方肌

呼吸
伸肘时呼气,
屈肘时吸气

三角肌　肱三头肌

腹外斜肌

股外侧肌

若肩部和肘部有损伤,
则不建议进行此项练习。

 · 核心收紧。
· 背部挺直。

 · 身体晃动。
· 臀部上翘抬。

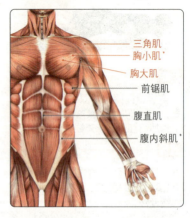

三角肌
胸小肌*
胸大肌
前锯肌
腹直肌
腹内斜肌*

起始

身体呈俯撑姿势,单臂撑垫,双脚
脚尖撑地,另一只手放于身后,保
持身体稳定。

过程

单臂屈肘,身体下沉。单臂发力,
向上撑起身体,恢复起始姿势。完
成规定次数。对侧亦然。

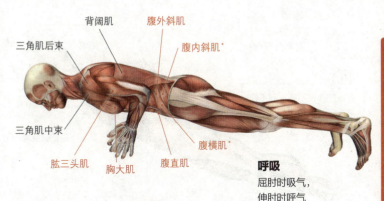

背阔肌
三角肌后束
三角肌中束
腹外斜肌
腹内斜肌*
腹横肌*
肱三头肌 胸大肌 腹直肌

呼吸
屈肘时吸气,
伸肘时呼气

药球—俯卧撑

⚠ 若背部存在不适,则不建议进行此项练习。

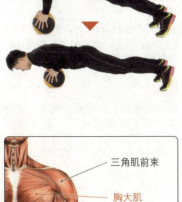

起始

身体呈俯撑姿势,双腿伸直,脚尖撑于地面,背部平直,腹部收紧,双臂伸直,双手在肩部下方支撑于药球上。

过程

背部保持平直,屈肘使身体下降至胸部贴近球面。伸直手臂,撑起身体,回到起始姿势。完成规定次数。

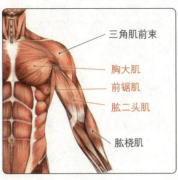

三角肌前束
胸大肌
前锯肌
肱二头肌
肱桡肌

✔ · 在运动过程中,保持核心收紧,躯干挺直。

✘ · 不要塌腰或上抬臀部,身体不要晃动。

悬吊-俯卧撑

呼吸

屈肘时吸气，
伸肘时呼气

(!) 若背部存在不适，则不建
议进行此项练习。

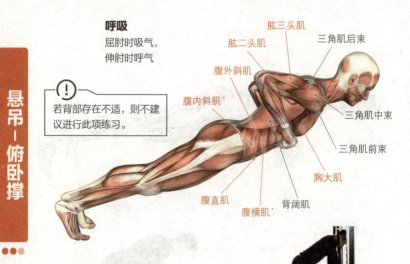

- 肱三头肌
- 三角肌后束
- 肱二头肌
- 腹外斜肌
- 腹内斜肌*
- 三角肌中束
- 三角肌前束
- 腹直肌
- 胸大肌
- 腹横肌*
- 背阔肌

起始

双臂伸直，双手分别握紧 TRX 悬挂
绳的两个扣环，并保持在肩部正下方，
脚尖撑地，保持核心收紧，身体从头
到脚呈一条直线，呈俯撑姿势。

过程

保持身体稳定，屈曲肘关节，使身
体下沉至胸部贴近 TRX 悬挂绳的
环扣。手臂伸直，快速推起身体，
回到起始姿势。完成规定次数。

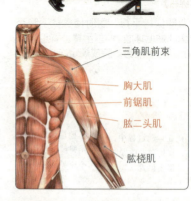

- 三角肌前束
- 胸大肌
- 前锯肌
- 肱二头肌
- 肱桡肌

- 臀部收紧。
- 双腿始终伸直。

- 背部弓起。

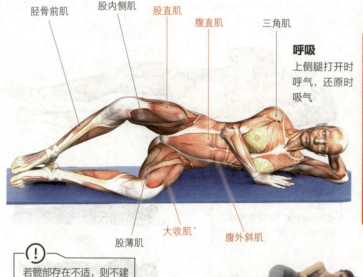

胫骨前肌　股内侧肌　股直肌　腹直肌　三角肌

呼吸
上侧腿打开时
呼气，还原时
吸气

蚌式开合

股薄肌　大收肌*　腹外斜肌

(!) 若髋部存在不适，则不建议进行此项练习。

起始

侧卧于垫上，贴垫的手臂弯曲置于头部下方，非贴垫的手臂撑住胸部前方垫面，双腿并拢屈膝。

过程

核心收紧，保持双脚接触，非贴垫的腿向上打开，保持该姿势 1~2 秒。恢复起始姿势，完成规定次数。对侧亦然。

✔ · 背部挺直。

✘ · 骨盆转动过多。

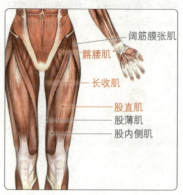

阔筋膜张肌
髂腰肌*
长收肌
股直肌
股薄肌
股内侧肌

61

侧卧－伸髋腿画圆

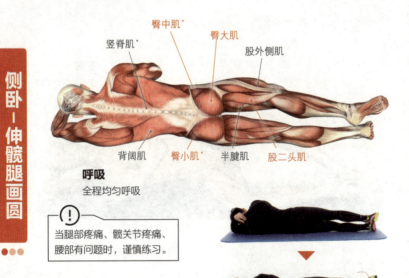

臀中肌*
臀大肌
股外侧肌
竖脊肌*
背阔肌
臀小肌*
半腱肌
股二头肌

呼吸

全程均匀呼吸

> (!) 当腿部疼痛、髋关节疼痛、腰部有问题时，谨慎练习。

起始

侧卧于垫上，头枕一侧前臂，另一侧手撑于胸前垫上，双腿伸直，与躯干呈一条直线。

过程

保持下侧腿伸直，上侧腿抬起后画圆。完成规定次数，换对侧重复。

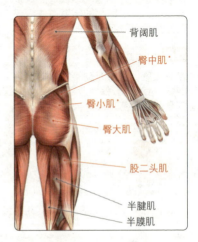

背阔肌
臀中肌*
臀小肌*
臀大肌
股二头肌
半腱肌
半膜肌

- ✅
  · 臀部收紧。
  · 双腿始终伸直。

- ❌
  · 背部弓起。

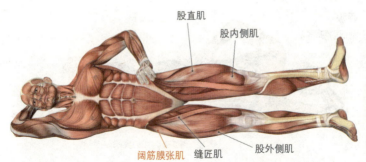

股直肌

股内侧肌

阔筋膜张肌　缝匠肌

股外侧肌

侧卧－直腿内外旋

●●●

呼吸

全程均匀呼吸

(!) 当腿部疼痛、髋关节疼痛、腰部有问题时，谨慎练习。

起始

侧卧于垫上，头枕一侧前臂，另一侧手置于腰部，躯干挺直，双腿伸直，分开一定的距离。

过程

上侧腿外旋至最大限度，随后缓慢内旋。上侧腿外旋与内旋时，双腿保持伸直。完成规定次数，换对侧重复。

- 臀部收紧。
- 双腿始终伸直。

- 背部弓起。

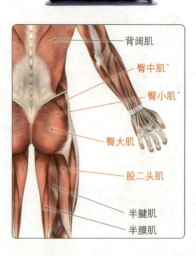

背阔肌

臀中肌*

臀小肌*

臀大肌

股二头肌

半腱肌

半膜肌

63

呼吸
全程均匀呼吸

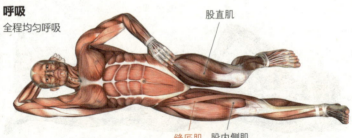

股直肌

缝匠肌　股内侧肌

（！）当腿部疼痛、髋关节疼痛、腰部有问题时，谨慎练习。

侧卧－屈腿内外旋

 起始

侧卧于垫上，头枕一侧前臂，另一侧手置于腰部，躯干挺直，下侧腿伸直，上侧腿屈膝屈髋。

 过程

上侧腿保持屈曲并外旋至最大限度，随后缓慢内旋。上侧腿外旋与内旋时，保持在下侧腿的上方。完成规定次数，换对侧重复。

- 臀部收紧。
- 下侧腿始终伸直。

- 背部弓起。

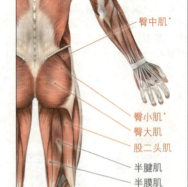

背阔肌

臀中肌*

臀小肌*
臀大肌
股二头肌
半腱肌
半膜肌

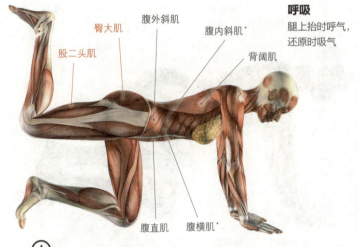

臀大肌
股二头肌
腹外斜肌
腹内斜肌*
背阔肌

腹直肌
腹横肌*

呼吸
腿上抬时呼气，
还原时吸气

跪姿－屈膝伸髋

当腿部疼痛、髋关节疼痛、腰部有问题时，谨慎练习。

· 臀部收紧。

· 背部弓起。

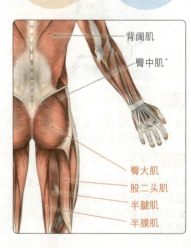

背阔肌
臀中肌*
臀大肌
股二头肌
半腱肌
半膜肌

起始
跪于垫上，双臂伸直支撑于垫面，保持背部平直，核心收紧。

过程
保持身体稳定的同时，一侧腿向后上方抬起至大腿与躯干呈一条直线。回到起始姿势，完成规定次数。换对侧重复。

跪姿—髋外旋

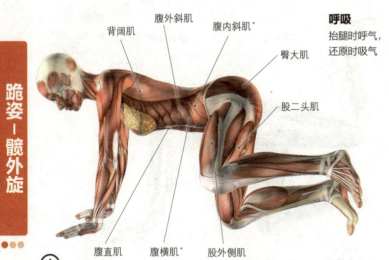

背阔肌　腹外斜肌　腹内斜肌*　臀大肌　股二头肌　腹直肌　腹横肌*　股外侧肌

呼吸
抬腿时呼气，
还原时吸气

⚠ 当腿部疼痛、髋关节疼痛、
腰部有问题时，谨慎练习。

✓ ·臀部收紧。

✗ ·背部弓起。

起始

跪于垫上，双臂伸直支撑于垫面，
保持背部平直，核心收紧。

过程

保持身体稳定的同时，一侧腿保
持屈膝并向外侧抬起至最大限度。回
到起始姿势，完成规定次数。换对
侧重复。

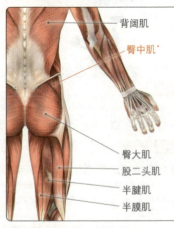

背阔肌
臀中肌*
臀大肌
股二头肌
半腱肌
半膜肌

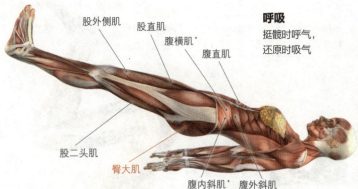

股外侧肌 股直肌
腹横肌*
腹直肌

呼吸
挺髋时呼气，
还原时吸气

股二头肌

臀大肌

腹内斜肌* 腹外斜肌

瑞士球－直腿挺髋

! 当腿部疼痛、髋关节疼痛、
腰部有问题时，谨慎练习。

起始

仰卧于垫上，双手放于身体两侧，
双腿伸直，脚尖勾起，脚跟放在瑞
士球上。

过程

臀部收缩，髋部抬起，直至肩部、
躯干、双腿呈一条直线，保持姿势
3～5秒。回到起始姿势，完成规
定次数。

✓
· 臀部收紧。
· 双腿始终伸直。

✗
· 背部弓起。

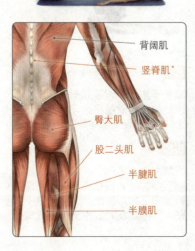

背阔肌

竖脊肌*

臀大肌

股二头肌

半腱肌

半膜肌

67

瑞士球－夹球屈髋

⚠️ 当腿部疼痛、髋关节疼痛、腰部有问题时，谨慎练习。

呼吸
屈髋时呼气，
还原时吸气

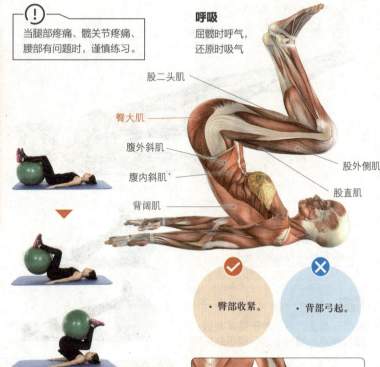

股二头肌

臀大肌

腹外斜肌

腹内斜肌*

背阔肌

股外侧肌

股直肌

✓ · 臀部收紧。

✗ · 背部弓起。

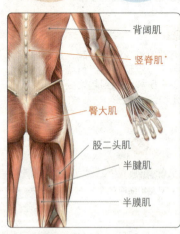

背阔肌

竖脊肌*

臀大肌

股二头肌

半腱肌

半膜肌

起始

仰卧于垫上，双手放于身体两侧，手臂伸直，双腿屈膝，小腿放在瑞士球上，并使臀部尽量靠近瑞士球。

过程

屈髋屈膝，将瑞士球夹在脚跟与大腿后侧之间。慢慢夹球屈髋，直至臀部和下背部离垫，大腿与躯干紧贴。回到起始姿势，完成规定次数。

瑞士球—夹球转髋

!

当腿部疼痛、髋关节疼痛、
腰部有问题时，谨慎练习。

呼吸
全程均匀呼吸

股外侧肌

股二头肌

腹横肌*

腹直肌

大收肌*

臀大肌

腹内斜肌*   腹外斜肌

✓
· 臀部收紧。
· 双腿始终伸直。

✗
· 背部弓起。

起始

仰卧于垫上，双脚夹紧瑞士球，双
腿上抬至与地面约呈 45 度。

过程

保持上身不动，瑞士球距地面的高
度不变，双腿夹球转向身体一侧。
保持上身不动，瑞士球距地面的高
度不变，双腿夹球转向另一侧。两
侧交替进行，完成规定次数。

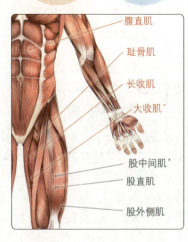

腹直肌

耻骨肌

长收肌

大收肌*

股中间肌*

股直肌

股外侧肌

药球-相扑深蹲-过顶上举

呼吸

下蹲时吸气，
站起推举时呼气

⚠️ 当下肢关节疼痛或有功能
障碍、肩部有问题时，谨
慎练习。

起始

站立，双脚间距大于肩宽，躯干挺
直，双手紧握药球，置于髋前。

过程

保持躯干挺直，屈髋屈膝，向下深
蹲至大腿与地面平行。伸髋伸膝站
起的同时，双臂用力快速向上将药
球举过头顶。回到起始姿势，完成
规定次数。

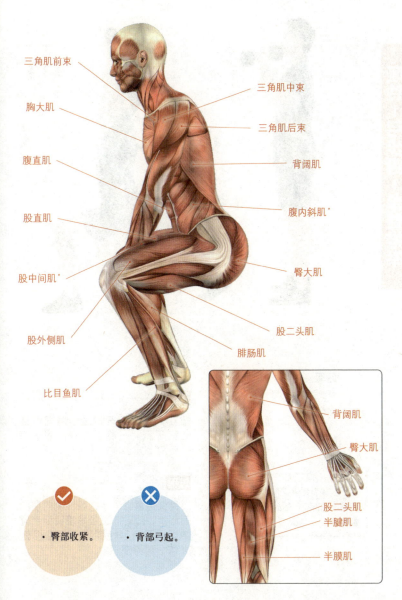

三角肌前束

三角肌中束

胸大肌

三角肌后束

腹直肌

背阔肌

股直肌

腹内斜肌*

臀大肌

股中间肌*

股二头肌

股外侧肌

腓肠肌

比目鱼肌

・臀部收紧。

・背部弓起。

背阔肌

臀大肌

股二头肌

半腱肌

半膜肌

哑铃－弓步蹲－单臂推举

呼吸

跨步和推举时呼气，还原时吸气

!
当下肢关节疼痛或有功能障碍、肩部有问题时，谨慎练习。

起始

站立，双脚打开，约与肩同宽或略宽于肩，一侧手握哑铃置于肩关节前上方。

过程

上身保持直立，手持哑铃侧的腿向前跨步，同时向上推举哑铃至手臂伸直。回到起始姿势，完成规定次数。对侧亦然。

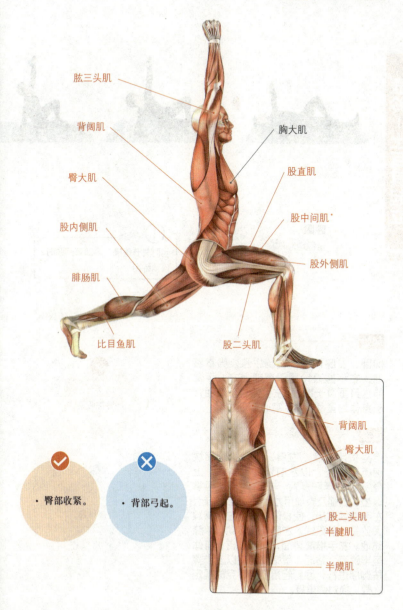

肱三头肌

背阔肌

胸大肌

臀大肌

股直肌

股内侧肌

股中间肌

腓肠肌

股外侧肌

比目鱼肌

股二头肌

背阔肌

臀大肌

股二头肌

半腱肌

半膜肌

· 臀部收紧。

· 背部弓起。

壶铃－土耳其起立

呼吸
全程均匀呼吸

⚠ 当肘关节疼痛、肩部有问题时，谨慎练习。

起始

仰卧，左腿伸直，右腿屈膝，脚掌着地，右手握壶铃置于肩部上方，手臂伸直且垂直于地面，左手臂置于垫面，与身体约呈 45 度，掌心朝下。

过程

上身按照右肩、左肩、腰背的顺序快速挺起离垫，以左前臂支撑身体。上身挺起，挺胸直背，左臂伸直，手掌撑垫。右腿及臀部用力，将髋向上抬起，左手继续撑垫，使身体从头至左脚脚踝大致呈一条直线。左腿向后移动，单膝跪地。左手推离垫面，背部挺直，身体呈半跪姿。站起，呈站姿。将以上步骤按倒序进行，回到起始姿势，完成规定次数。换对侧重复。

· 臀部收紧。

· 背部弓起。

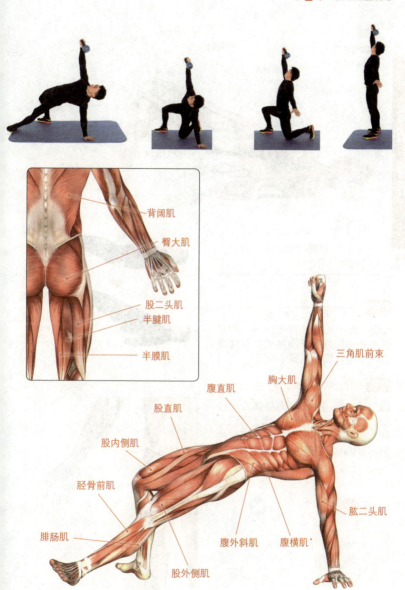

背阔肌

臀大肌

股二头肌
半腱肌

半膜肌

三角肌前束

胸大肌

腹直肌

股直肌

股内侧肌

胫骨前肌

肱二头肌

腓肠肌

腹外斜肌   腹横肌*

股外侧肌

滑贴–臀桥

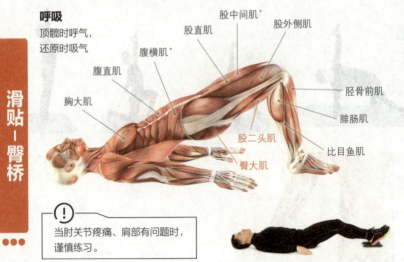

呼吸
顶髋时呼气，
还原时吸气

股中间肌*
股外侧肌
股直肌
腹横肌*
腹直肌
胸大肌
胫骨前肌
腓肠肌
股二头肌
比目鱼肌
臀大肌

(!) 当肘关节疼痛、肩部有问题时，
谨慎练习。

起始

仰卧，躯干挺直。双脚打开，约与
髋同宽，脚跟置于滑贴上，双臂伸
直放于身体两侧，掌心向下。

过程

屈曲膝关节，使脚跟向身体方向移
动，至大腿与小腿垂直。向上顶髋，
使大腿与躯干呈一条直线。停留片
刻，回到起始姿势。完成规定次数。

✓ · 臀部收紧。

✗ · 背部弓起。

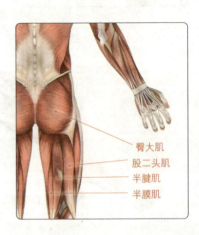

臀大肌
股二头肌
半腱肌
半膜肌

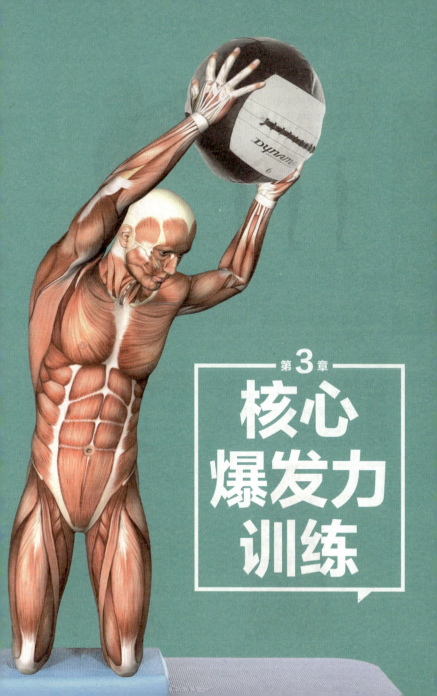

第3章

核心
爆发力
训练

药球－站姿－过顶扔球

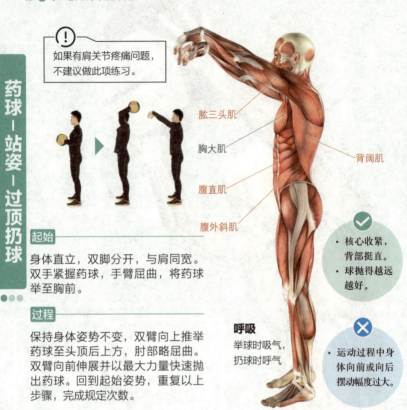

!（感叹提示）
如果有肩关节疼痛问题，不建议做此项练习。

肱三头肌

胸大肌

背阔肌

腹直肌

腹外斜肌

起始

身体直立，双脚分开，与肩同宽。双手紧握药球，手臂屈曲，将药球举至胸前。

过程

保持身体姿势不变，双臂向上推举药球至头顶后上方，肘部略屈曲。双臂向前伸展并以最大力量快速抛出药球。回到起始姿势，重复以上步骤，完成规定次数。

呼吸
举球时吸气，扔球时呼气

✓
- 核心收紧，背部挺直。
- 球抛得越远越好。

✗
- 运动过程中身体向前或向后摆动幅度过大。

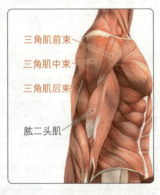

三角肌前束

三角肌中束

三角肌后束

肱二头肌

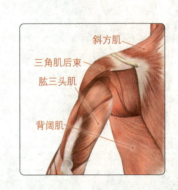

斜方肌

三角肌后束

肱三头肌

背阔肌

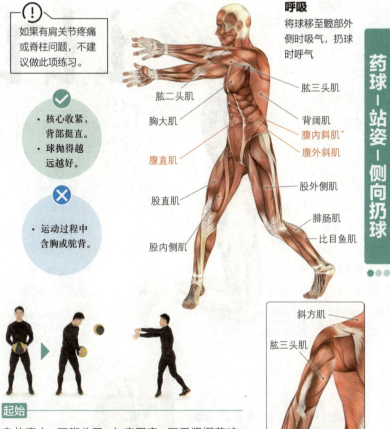

呼吸
将球移至髋部外侧时吸气，扔球时呼气

肱二头肌
胸大肌
腹直肌
股直肌
股内侧肌

肱三头肌
背阔肌
腹内斜肌*
腹外斜肌
股外侧肌
腓肠肌
比目鱼肌

!如果有肩关节疼痛或脊柱问题，不建议做此项练习。

✓ · 核心收紧，背部挺直。
· 球抛得越远越好。

✗ · 运动过程中含胸或驼背。

药球−站姿−侧向扔球

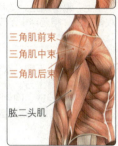

斜方肌
肱三头肌

三角肌前束
三角肌中束
三角肌后束
肱二头肌

起始
身体直立，双脚分开，与肩同宽。双手紧握药球，手臂屈曲，将药球置于腹前。

过程
躯干向一侧转动，双臂随之向该侧下方移动药球至髋部外侧。躯干向对侧转动，双臂随之向对侧伸展并以最大力量快速抛出药球。回到起始姿势，重复以上步骤，完成规定次数。对侧亦然。

药球－跪姿－过顶扔球

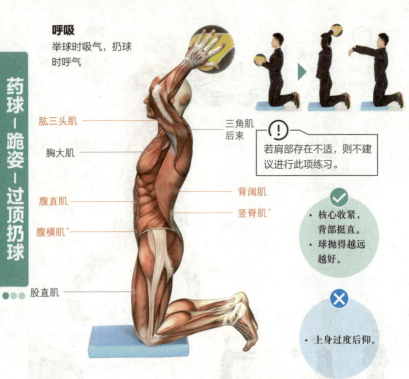

呼吸
举球时吸气，扔球时呼气

肱三头肌
胸大肌
腹直肌
腹横肌*
股直肌

三角肌后束

(!) 若肩部存在不适，则不建议进行此项练习。

✓
· 核心收紧，背部挺直。
· 球抛得越远越好。

背阔肌
竖脊肌*

✗
· 上身过度后仰。

起始

双腿略微分开，膝关节弯曲90度跪于垫上，躯干直立。双手紧握药球，双臂弯曲，将药球举至胸前。

过程

保持躯干姿势不变，双臂向上推举药球至头部后上方。双臂前伸，快速向前扔出药球。回到起始姿势，重复动作，完成规定次数。

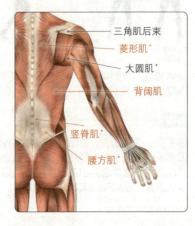

三角肌后束
菱形肌*
大圆肌*
背阔肌
竖脊肌*
腰方肌*

呼吸

将球移至髋部外侧时吸气，
扔球时呼气

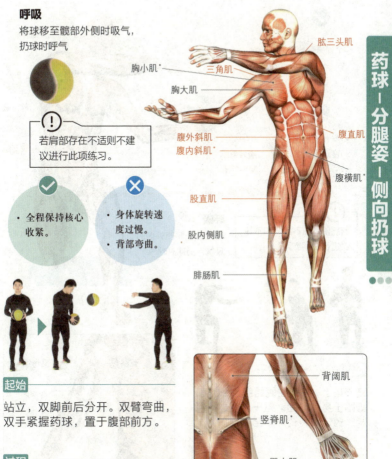

> ⚠️ 若肩部存在不适则不建议进行此项练习。

✅
· 全程保持核心收紧。

❌
· 身体旋转速度过慢。
· 背部弯曲。

胸小肌*
三角肌
胸大肌
肱三头肌
腹外斜肌
腹内斜肌*
腹直肌
腹横肌*
股直肌
股内侧肌
腓肠肌

背阔肌
竖脊肌*
臀大肌
半腱肌
股二头肌
半膜肌

药球 - 分腿姿 - 侧向扔球

起始

站立，双脚前后分开。双臂弯曲，双手紧握药球，置于腹部前方。

过程

保持腿部姿势不变，躯干向后腿侧转动，双臂随之向该侧下方移动，将药球移至髋部外侧。躯干向对侧转动，双臂随之向对侧伸展并以最大力量快速抛出药球。回到起始姿势，重复动作，完成规定次数。对侧亦然。

药球—半跪姿—侧向扔球

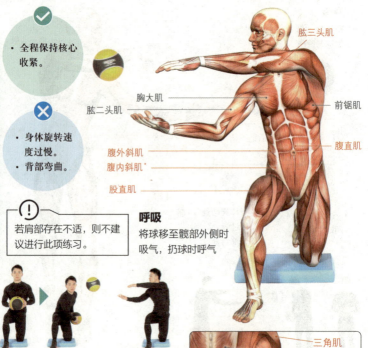

✓ · 全程保持核心收紧。

✗ · 身体旋转速度过慢。
· 背部弯曲。

肱三头肌
胸大肌
肱二头肌
前锯肌
腹直肌
腹外斜肌
腹内斜肌*
股直肌

(!) 若肩部存在不适，则不建议进行此项练习。

呼吸
将球移至髋部外侧时吸气，扔球时呼气

起始

跪于垫上，前腿屈髋屈膝约 90 度，脚踏于身前地面。躯干直立，双手紧握药球，将药球举至腹部前方。

过程

保持腿部姿势不变，躯干向后腿侧转动，双臂随之向该侧下方移动，将药球移至髋部外侧。随后躯干向对侧转动，双臂随之向对侧伸展并以最大力量快速抛出药球。回到起始姿势，重复动作，完成规定次数。对侧亦然。

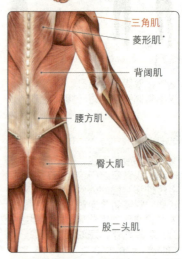

三角肌
菱形肌*
背阔肌
腰方肌*
臀大肌
股二头肌

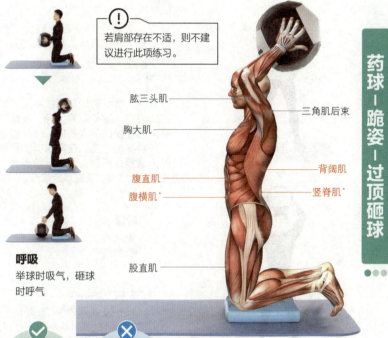

若肩部存在不适，则不建议进行此项练习。

肱三头肌

三角肌后束

胸大肌

腹直肌

背阔肌

腹横肌*

竖脊肌*

股直肌

呼吸

举球时吸气，砸球时呼气

✔ ・核心收紧，背部挺直。

✖ ・上身过度后仰。

药球－跪姿－过顶砸球

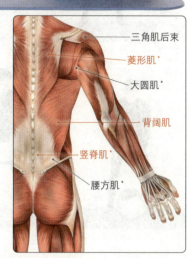

三角肌后束

菱形肌*

大圆肌*

背阔肌

竖脊肌*

腰方肌*

起始

双膝跪于垫上。双肘屈曲，手持药球置于腹部前方。

过程

保持背部挺直，快速将药球经头顶移至头部后方。然后用最大力量快速将药球砸向地面。回到起始姿势。重复动作，完成规定次数。

药球－站姿－过顶砸球

起始

站立,双脚分开至距离略大于肩宽。双手紧握药球,手臂略屈曲,将药球置于腹部前方。

过程

双臂向上推举药球至超过头顶,肘部略屈曲。躯干向前微屈,双臂以最大力量快速下砸药球,使其脱手并接触身前地面。在药球向上反弹时迅速接住药球。回到起始姿势,重复以上步骤,完成规定次数。

呼吸

举球时吸气,
砸球时呼气

> ! 如果有肩部或手腕疼痛问题,不建议做此项练习。

84

- 核心收紧，背部挺直。

- 药球未举过头顶或上身过度前倾。

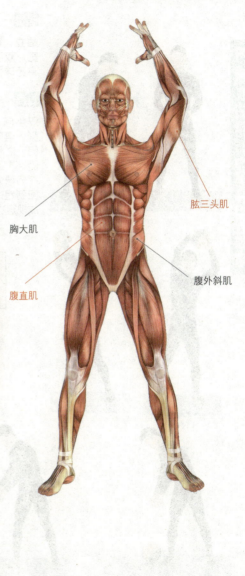

肱三头肌

胸大肌

腹外斜肌

腹直肌

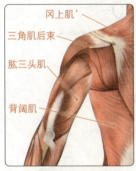

冈上肌

三角肌后束

肱三头肌

背阔肌

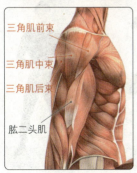

三角肌前束

三角肌中束

三角肌后束

肱二头肌

药球－站姿－旋转过顶砸球

起始

站立，双脚分开至距离略大于肩宽。双手紧握药球，手臂略屈曲，将药球置于腹部前方。

过程

双手向右下方移动药球至髋部右侧，再向右上方移动药球至头顶右侧，之后向左侧移动药球至头顶左侧，最后向左侧地面快速下砸药球。在药球向上反弹时迅速接住药球。回到起始姿势，重复以上步骤，完成规定次数。对侧亦然。

如果有肩关节疼痛问题，不建议做此项练习。

呼吸

转体时吸气，砸球时呼气

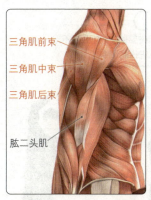

三角肌前束
三角肌中束
三角肌后束
肱二头肌

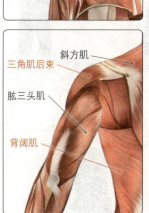

斜方肌
三角肌后束
肱三头肌
背阔肌

· 核心收紧，背部挺直。

· 运动过程中身体过度摇晃。

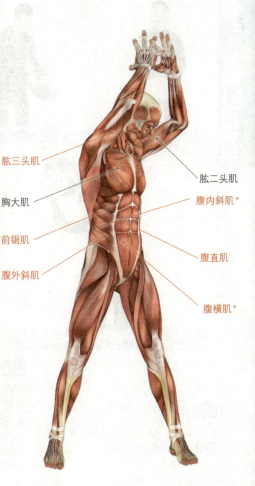

肱三头肌

胸大肌

前锯肌

腹外斜肌

肱二头肌

腹内斜肌*

腹直肌

腹横肌*

呼吸

转体时吸气，
砸球时呼气

若肩部存在不适，则不建
议进行此项练习。

药球—跪姿—旋转过顶砸球

起始

跪于垫上，躯干直立，双手紧握药
球置于腹部前方。

过程

双臂向右侧移动药球至髋部右侧。
双臂上举药球，至头部右上方。身
体左转，双手持药球移动至头部左
上方，向左侧地面快速下砸药球。
回到起始姿势，重复以上步骤，完
成规定次数。对侧亦然。

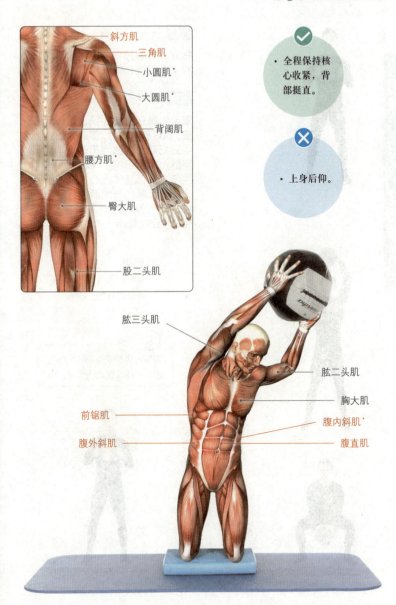

斜方肌
三角肌
小圆肌*
大圆肌*
背阔肌
腰方肌*
臀大肌
股二头肌

✔
· 全程保持核心收紧,背部挺直。

✖
· 上身后仰。

肱三头肌
肱二头肌
胸大肌
前锯肌
腹内斜肌*
腹外斜肌
腹直肌

药球－站姿－过顶下砍

起始

站立，双脚分开至距离大于肩宽，双手握药球在胸前。

过程

双手上举药球过头顶，双臂尽量伸直。通过髋部发力，带动躯干、肩部、手臂把动力传递到药球上，尽可能用最大力量快速向下砍，同时屈髋、屈膝以降低身体重心，双腿呈下蹲姿势，大腿约与地面平行。迅速起身，回到起始姿势。重复以上步骤，完成规定次数。

呼吸
举球时吸气，
下砍时呼气

⚠ 如果有肩部或膝关节疼痛问题，不建议做此项练习。

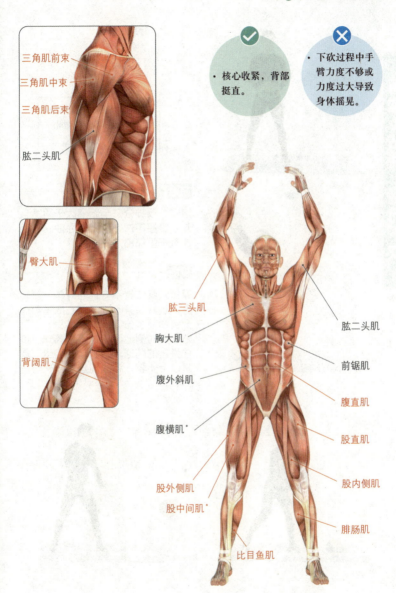

三角肌前束

三角肌中束

三角肌后束

肱二头肌

臀大肌

背阔肌

· 核心收紧，背部挺直。

· 下砍过程中手臂力度不够或力度过大导致身体摇晃。

肱三头肌

胸大肌

腹外斜肌

腹横肌*

股外侧肌

股中间肌*

比目鱼肌

肱二头肌

前锯肌

腹直肌

股直肌

股内侧肌

腓肠肌

药球－站姿－侧向下砍

呼吸

举球时吸气，
下砍时呼气

! 如果有上背部疼痛或肩
关节问题，不建议做此
项练习。

起始

站立，双脚分开至距离大于肩宽。
双手紧握药球，手臂略屈曲，将药
球置于腹部前方。

过程

保持双脚位置不变，向身体一侧转
身，双臂顺势向该侧上方推举药球
至头顶前上方。向对侧转身，双手
随之向对侧地面快速下砸药球。接
住弹起的药球，回到起始姿势。重
复以上步骤，完成规定次数。对侧
亦然。

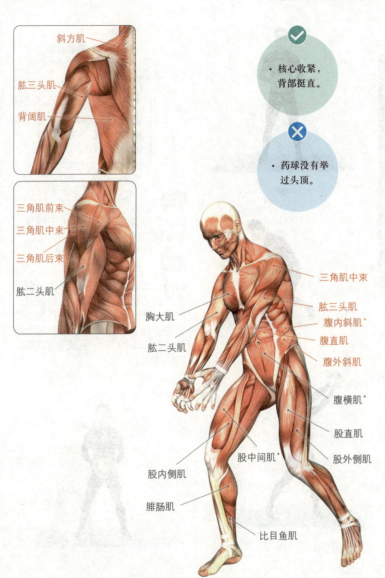

斜方肌

肱三头肌

背阔肌

三角肌前束

三角肌中束

三角肌后束

肱二头肌

· 核心收紧，背部挺直。

· 药球没有举过头顶。

胸大肌

肱二头肌

三角肌中束

肱三头肌

腹内斜肌*

腹直肌

腹外斜肌

腹横肌*

股直肌

股外侧肌

股中间肌*

股内侧肌

腓肠肌

比目鱼肌

药球－站姿－对角线推举

呼吸

转体屈膝、屈髋时吸气，推举时呼气

如果有上背部疼痛或肩关节问题，不建议做此项练习。

起始

站立，双脚分开至距离大于肩宽，双手持药球于腹部前方。

过程

保持双脚位置不变，向身体一侧转身，重心移至该侧脚，同时屈膝、屈髋，然后迅速将药球向对侧头顶上方举起，双臂伸直。回到起始姿势，重复以上步骤，完成规定次数。对侧亦然。

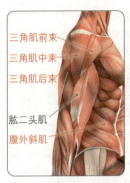

三角肌前束
三角肌中束
三角肌后束
肱二头肌
腹外斜肌

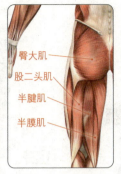

臀大肌
股二头肌
半腱肌
半膜肌

• 核心收紧，背部挺直。

• 运动过程中速度过快，身体摇晃。

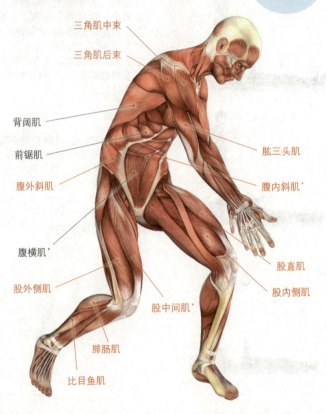

三角肌中束
三角肌后束
背阔肌
前锯肌
腹外斜肌
腹横肌*
股外侧肌
腓肠肌
比目鱼肌
股中间肌*
肱三头肌
腹内斜肌*
股直肌
股内侧肌

95

药球—仰卧—胸前推接球

呼吸

接球时吸气，
推球时呼气

如果有肩关节问题，不
建议做此项练习。

起始

练习者仰卧于垫上，双脚分开至与
肩同宽，双臂向上伸展，垂直于地
面，保持接球姿势。同伴站在练习
者头顶后方的跳箱之上，身体直
立，双臂向前伸直且平行于地面，
双手紧握药球，做好扔球准备。尽
量保持二人手部对齐。

过程

同伴松开药球，使其自然下落，练
习者接球后保持身体姿势不变。然
后双臂顺势屈曲，移动药球至胸前。
之后双臂向上伸展，并以最大力量
迅速将药球上推给同伴。同伴将药
球接住，回到起始姿势。重复以上
步骤，完成规定次数。

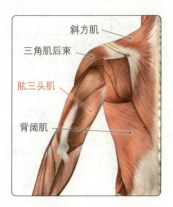

斜方肌
三角肌后束
肱三头肌
背阔肌

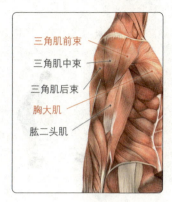

三角肌前束
三角肌中束
三角肌后束
胸大肌
肱二头肌

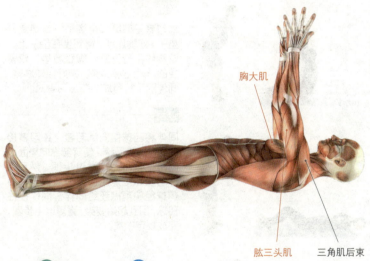

胸大肌

肱三头肌   三角肌后束

· 核心收紧，身体紧贴垫面。

· 向上推球时手臂没有伸直。

药球-仰卧起坐-过顶抛接球

呼吸

接球时吸气，
推球时呼气

如果有腰背部疼痛
或肩关节问题，不
建议做此项练习。

✓ · 核心收紧，身
体保持稳定。

✕ · 躯干向后躺时
脚跟离地。

起始

练习者呈仰卧起坐姿势，背部离开
垫子。双腿屈膝，臀部坐在垫子上，
双脚约平行开立，脚跟着垫，双臂
屈曲，双手放在胸前，做好接球准备。
同伴双手持药球站在练习者对面。

过程

同伴将药球抛向练习者，练习者接
球后，顺势后躺，使背部靠向垫面，
同时手臂将药球举过头顶。然后，
练习者尽可能用最大力量起身，将
药球经头顶抛还给同伴。同伴接住
药球，回到起始姿势。重复以上步骤，
完成规定次数。

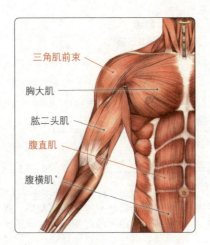

三角肌前束
胸大肌
肱二头肌
腹直肌
腹横肌*

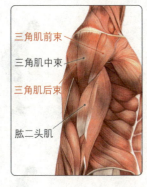

三角肌前束
三角肌中束
三角肌后束
肱二头肌

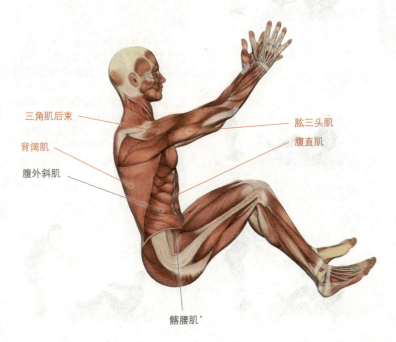

三角肌后束
背阔肌
腹外斜肌
肱三头肌
腹直肌
髂腰肌*

药球–∨字–侧向抛接球

呼吸

接球时吸气，
推球时呼气

如果有肩关节问题，不
建议做此项练习。

起始

练习者双腿屈膝，臀部坐在垫子上，
躯干与大腿呈∨字，双脚离垫，双
臂伸直，双手放在胸前，做好接球
准备。同伴双手持药球站在练习者
对面。

过程

同伴将药球抛向练习者胸前，练习
者收紧核心并保持∨字姿势。接着
双手抓住药球，顺势将药球拉至侧
髋部外侧。然后，尽可能用最大力
量向对侧旋转躯干至中立位，同时
将药球推还给同伴。同伴接住药球
后，回到起始姿势。重复以上步骤，
完成规定次数。对侧亦然。

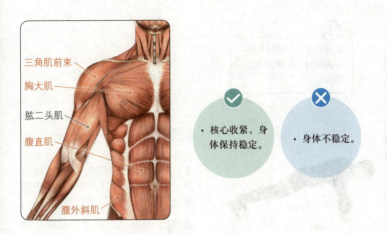

三角肌前束

胸大肌

肱二头肌

腹直肌

腹外斜肌

・核心收紧，身体保持稳定。

・身体不稳定。

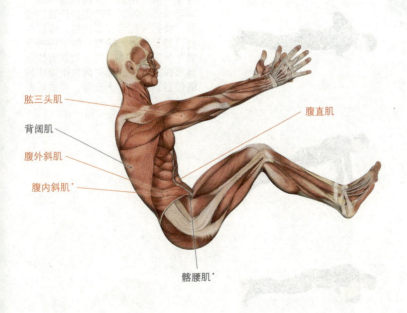

肱三头肌

背阔肌

腹外斜肌

腹内斜肌＊

腹直肌

髂腰肌＊

⚠️ 如果有肩关节或肘关节疼痛问题，不建议做此项练习。

药球—快速交替俯卧撑

呼吸
身体下降时吸气，撑起时呼气

起始

身体呈俯撑姿势。一侧手撑于药球上，对侧手撑于地面，双脚略微分开，脚尖撑于地面，身体从手到脚呈一条直线。

过程

保持身体姿势不变，双臂屈曲，使身体下降。然后，双臂快速伸展，撑起身体的同时快速更换药球的位置，换另一侧手支撑药球。伸直手臂以撑起身体。接着，继续屈曲双臂，使身体下降。下一次双臂快速伸展撑起身体的同时再次更换药球的位置。重复以上步骤，完成规定次数。

· 核心收紧，背部挺直。

· 运动过程中腰部塌陷，臀部上抬。

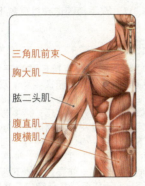

三角肌前束
胸大肌
肱二头肌
腹直肌
腹横肌

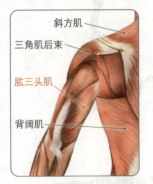

斜方肌
三角肌后束
肱三头肌
背阔肌

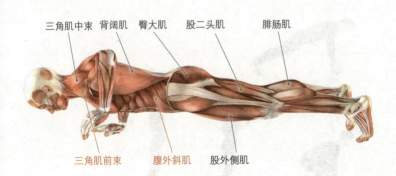

三角肌中束　背阔肌　臀大肌　股二头肌　腓肠肌

三角肌前束　腹外斜肌　股外侧肌

103

呼吸
全程均匀呼吸

如果有肩关节或肘关节疼痛问题，不建议做此项练习。

药球－波比跳

起始

站立，双手持药球并将其置于胸前。

过程

屈膝下蹲，双手持药球撑于地面，双腿向后伸直，呈俯撑姿势。双臂屈曲，使身体下降。然后，双臂伸直以撑起身体。接着，双脚跳起，髋关节和膝关节屈曲，双脚快速向前移动，使身体变为下蹲姿势。身体快速直立，向上跳起，同时双臂向上推举药球，使药球超过头顶至手臂完全伸展。身体下落后呈直立姿，双手将药球举至胸前。重复以上步骤，完成规定次数。

- 核心收紧，背部
  挺直。

- 运动过程中身体
  过度摇晃
- 俯撑时，腰部塌
  陷、臀部上抬。

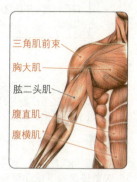

三角肌前束
胸大肌
肱二头肌
腹直肌
腹横肌*

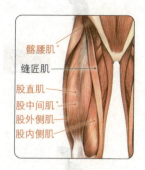

髂腰肌*
缝匠肌
股直肌
股中间肌*
股外侧肌
股内侧肌

背阔肌　　臀大肌　　股二头肌　　　　腓肠肌

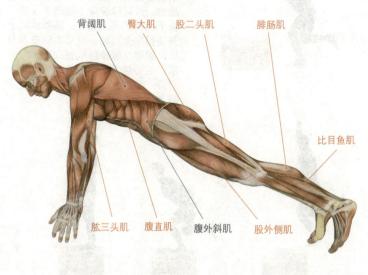

比目鱼肌

肱三头肌　　腹直肌　　腹外斜肌　　股外侧肌

跳箱-单脚跳

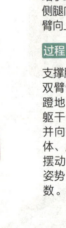

呼吸

起跳时呼气，
落地时吸气

如果有膝关节或踝关节
疼痛问题，不建议做此
项练习。

起始

站于跳箱前，一侧腿支撑身体，另一
侧腿向后屈曲至小腿与地面平行，双
臂向上伸展至最大限度。

过程

支撑腿屈髋、屈膝，躯干向前倾斜，
双臂快速向下摆动至身后。支撑腿
蹬地，双臂快速向上摆动至头顶，
躯干也随之向上直立，使身体向上
并向前跳上跳箱。恢复单腿支撑身
体、屈髋、屈膝且双臂向下、向后
摆动的姿势。身体直立。回到起始
姿势，重复以上步骤，完成规定次
数。对侧亦然。

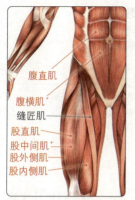

腹直肌
腹横肌*
缝匠肌
股直肌
股中间肌*
股外侧肌
股内侧肌

• 动作越轻盈越好。

• 跳跃和落地时身体摇晃或膝关节内扣。

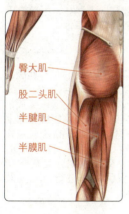

臀大肌
股二头肌
半腱肌
半膜肌

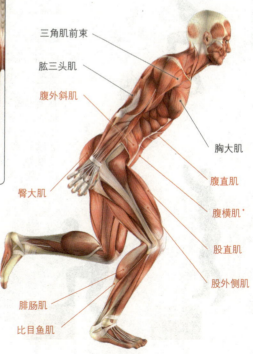

三角肌前束

肱三头肌

腹外斜肌

臀大肌

胸大肌

腹直肌

腹横肌*

股直肌

股外侧肌

腓肠肌

比目鱼肌

跳箱 - 双脚交换跳

呼吸

起跳时呼气，
落地时吸气

(!) 如果有膝关节或踝关节
疼痛问题，不建议做此
项练习。

起始

站于跳箱前，一侧腿伸直立于地
面，另一侧腿向上屈膝、屈髋立于
跳箱上，双臂自然下垂。

过程

躯干向前倾斜，立于地面的腿屈髋、
屈膝，双臂随身体向后摆动。双脚
向下蹬，双臂快速向上摆过头顶，
躯干也随之向上直立，使身体向上
跳跃。下落时交换脚部的站立位置，
屈髋、屈膝且双臂向下、向后摆动。
继续跳跃，交换双腿，完成一次
交换跳。双侧交替进行，完成规
定次数。

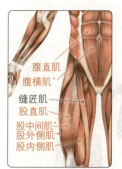

腹直肌
腹横肌*
缝匠肌
股直肌
股中间肌
股外侧肌
股内侧肌

- 核心收紧，背部挺直。

- 跳跃和落地时膝关节超过脚尖或内扣。

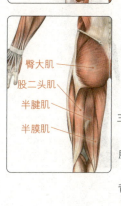

臀大肌
股二头肌
半腱肌
半膜肌

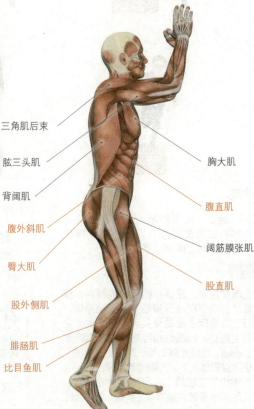

三角肌后束

胸大肌

肱三头肌

背阔肌

腹直肌

腹外斜肌

臀大肌

阔筋膜张肌

股外侧肌

股直肌

腓肠肌

比目鱼肌

跳箱－侧向单脚跳－异侧

起始

单腿直立，站于跳箱一侧，靠近跳箱一侧的腿抬离地面，另一侧腿支撑身体，双臂向上伸展至最大限度。

过程

支撑腿屈髋、屈膝，躯干向前倾斜，双臂快速向下摆动至身后。支撑腿蹬地，双臂快速向上摆动至头顶，躯干也随之向上直立。起跳时脚蹬离地面并侧向跳上跳箱。然后支撑脚落于跳箱上，屈髋、屈膝且双臂向下、向后摆动至髋部两侧。双脚均踩在跳箱上，身体呈直立姿势。回到起始姿势，重复以上步骤，完成规定次数。对侧亦然。

呼吸

起跳时呼气，落地时吸气

如果有膝关节或踝关节疼痛问题，不建议做此项练习。

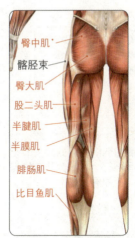

- 臀中肌*
- 髂胫束
- 臀大肌
- 股二头肌
- 半腱肌
- 半膜肌
- 腓肠肌
- 比目鱼肌

- 用力摆臂，带动身体。
- 腾空时，核心收紧，背部挺直。

- 跳跃和落地时身体摇晃，或膝关节内扣。

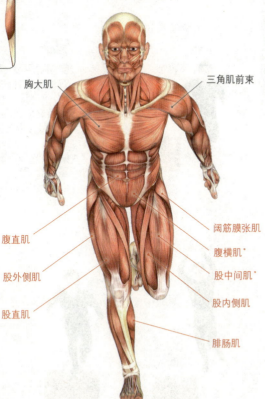

- 胸大肌
- 三角肌前束
- 腹直肌
- 股外侧肌
- 股直肌
- 阔筋膜张肌
- 腹横肌*
- 股中间肌*
- 股内侧肌
- 腓肠肌

跳箱－侧向单脚跳－同侧

呼吸
起跳时呼气，
落地时吸气

如果有膝关节或踝关节疼痛问题，不建议做此项练习。

起始

单腿直立，站于跳箱一侧，距离跳箱较远一侧的腿向后屈曲膝关节至小腿与地面平行，另一侧腿支撑身体，双臂向上伸展至最大限度。

过程

支撑腿屈髋、屈膝，躯干向前倾斜，双臂快速向下摆动至身后。支撑腿蹬地，双臂快速向上摆过头顶，躯干也随之向上直立，使身体向上并向侧面跳上跳箱。恢复单腿支撑身体、屈髋、屈膝且双臂向下、向后摆动的姿势。双脚均踩在跳箱上，身体呈直立姿势。回到起始姿势，重复以上步骤，完成规定次数。对侧亦然。

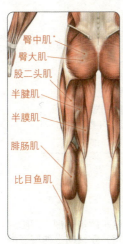

臀中肌*

臀大肌

股二头肌

半腱肌

半膜肌

腓肠肌

比目鱼肌

- 用力摆臂，带动身体。
- 腾空时，核心收紧，背部挺直。

- 跳跃和落地时身体摇晃或膝关节超过脚尖。

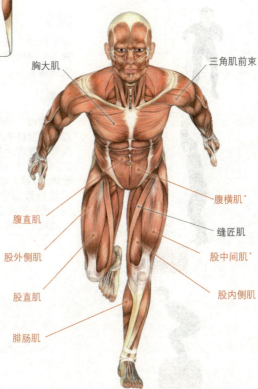

胸大肌

三角肌前束

腹横肌*

缝匠肌

腹直肌

股外侧肌

股中间肌*

股直肌

股内侧肌

腓肠肌

113

跳
箱
-
旋
转
跳

呼吸
起跳时呼气，
落地时吸气

⚠
如果有膝关节或踝关节
疼痛问题，不建议做此
项练习。

起始

身体直立，站于跳箱一侧，双脚分
开至与肩同宽，双臂向上伸展至最
大限度。

过程

双腿屈髋、屈膝，躯干向前倾斜，
双臂随身体向后摆动。双脚蹬地，
双臂快速向上摆过头顶，躯干也随
之向上直立，使身体向上并向侧面
旋转 90 度，跳上跳箱，恢复屈髋、
屈膝且双臂向下、向后摆动的姿
势。回到起始姿势，重复以上步骤，
完成规定次数。对侧亦然。

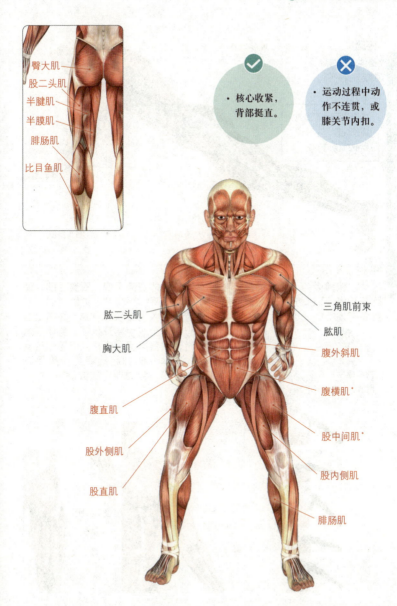

臀大肌
股二头肌
半腱肌
半膜肌
腓肠肌
比目鱼肌

· 核心收紧，背部挺直。

· 运动过程中动作不连贯，或膝关节内扣。

肱二头肌

胸大肌

腹直肌

股外侧肌

股直肌

三角肌前束

肱肌

腹外斜肌

腹横肌*

股中间肌*

股内侧肌

腓肠肌

跳箱－爆发式俯卧撑

呼吸

身体下降时吸气，撑起时呼气

⚠ 如果有手腕疼痛或肩部问题，不建议做此项练习。

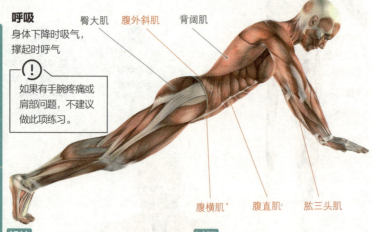

臀大肌　腹外斜肌　背阔肌

腹横肌　腹直肌　肱三头肌

起始

身体呈俯撑姿势，双臂伸直支撑于跳箱边缘，双脚分开，与髋同宽，脚尖撑地。

 · 核心收紧，背部挺直。

 · 过程中耸肩，腰部塌陷，臀部上抬。

过程

保持身体姿势不变，双臂屈曲，使身体下降。当胸部贴近跳箱时，双臂以最大力量快速伸展，并向上推起身体至双手离开跳箱。身体下落时，双臂再次屈曲并以俯撑姿势支撑身体。回到起始姿势，重复以上步骤，完成规定次数。

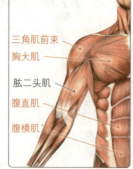

三角肌前束
胸大肌
肱二头肌
腹直肌
腹横肌

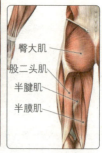

臀大肌
股二头肌
半腱肌
半膜肌

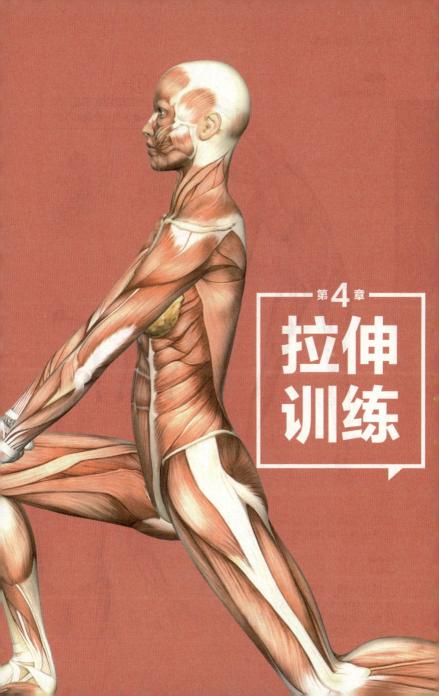

第4章

拉伸
训练

呼吸
全程均匀呼吸

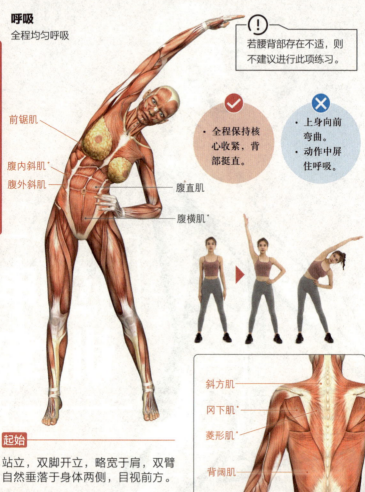

若腰背部存在不适，则不建议进行此项练习。

✓
· 全程保持核心收紧，背部挺直。

✗
· 上身向前弯曲。
· 动作中屏住呼吸。

前锯肌
腹内斜肌*
腹外斜肌
腹直肌
腹横肌*

斜方肌
冈下肌*
菱形肌*
背阔肌
竖脊肌*
臀大肌

站姿体侧屈

起始

站立，双脚开立，略宽于肩，双臂自然垂落于身体两侧，目视前方。

过程

一侧手扶腰，对侧臂伸直向上举过头顶。伸直臂向身体对侧倾斜，身体随之向对侧弯曲。保持姿势至规定时间，对侧亦然。

呼吸
全程均匀呼吸

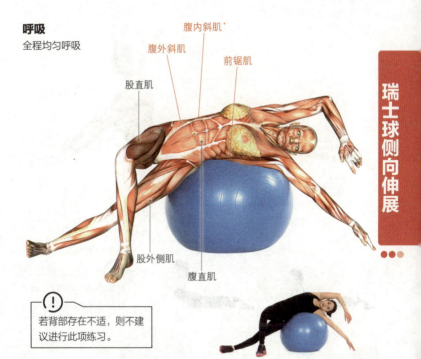

腹内斜肌*

腹外斜肌

前锯肌

股直肌

股外侧肌

腹直肌

若背部存在不适，则不建议进行此项练习。

动作

侧卧于瑞士球上，上侧腿屈髋屈膝，脚蹬地，下侧腿伸展。保持身体稳定，双臂位于头部斜上方。保持姿势至规定时间，对侧亦然。

✅
· 躯干侧面紧贴球面。
· 身体放松。

❌
· 憋气。
· 身体晃动。

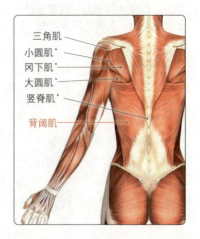

三角肌
小圆肌*
冈下肌*
大圆肌*
竖脊肌*

背阔肌

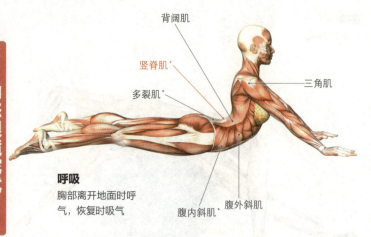

背阔肌

竖脊肌*

多裂肌*

三角肌

呼吸
胸部离开地面时呼
气，恢复时吸气

腹内斜肌* 腹外斜肌

动态眼镜蛇式

!
若下背部存在不适，则不
建议进行此项练习。

起始

俯卧，胸部靠近地面，双臂屈肘放
于胸部两侧，前臂支撑于地面。

过程

双臂伸直推起，使胸部和肋骨最大
限度地向上抬起，感受腹部肌肉的
牵拉感。恢复起始姿势，完成规定
次数。

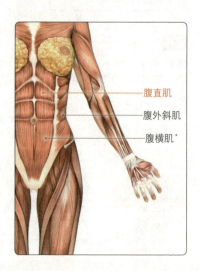

腹直肌

腹外斜肌

腹横肌*

✓
· 肩部放松并
  下压。

✗
· 伸展幅度
  过大。
· 头部过度
  后仰。

呼吸
全程均匀呼吸

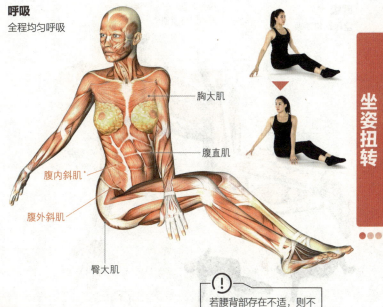

- 胸大肌
- 腹直肌
- 腹内斜肌*
- 腹外斜肌
- 臀大肌

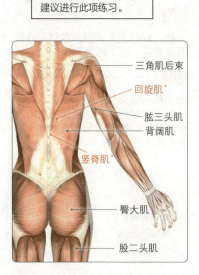

坐姿扭转

⊙ 若腰背部存在不适，则不建议进行此项练习。

起始

身体呈坐姿，上身挺直，目视前方。双腿在前，膝关节微屈。双臂伸直，位于身体两侧。

过程

双腿保持不动，向身体一侧转动上身至目标肌肉产生牵拉感。保持姿势至规定时间，对侧亦然。

- 沿躯干中轴线转身。
- 背部保持挺直。

- 臀部上抬，离开地面。
- 弯腰弓背，脊柱弯曲。

- 三角肌后束
- 回旋肌*
- 肱三头肌
- 背阔肌
- 竖脊肌
- 臀大肌
- 股二头肌

121

仰卧扭转

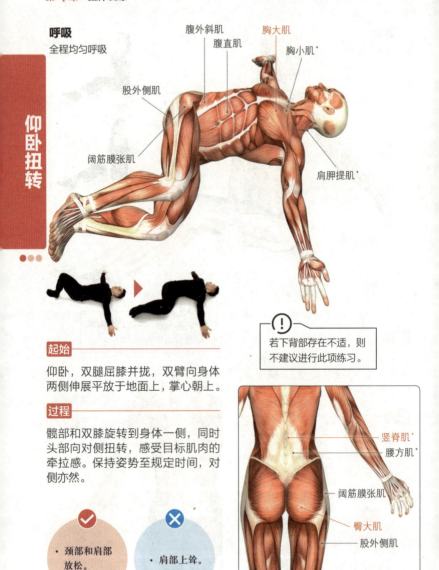

呼吸
全程均匀呼吸

腹外斜肌
腹直肌
胸大肌
胸小肌*
股外侧肌
阔筋膜张肌
肩胛提肌*

起始

仰卧，双腿屈膝并拢，双臂向身体两侧伸展平放于地面上，掌心朝上。

过程

髋部和双膝旋转到身体一侧，同时头部向对侧扭转，感受目标肌肉的牵拉感。保持姿势至规定时间，对侧亦然。

· 颈部和肩部放松。

· 肩部上耸。

若下背部存在不适，则不建议进行此项练习。

竖脊肌*
腰方肌*
阔筋膜张肌
臀大肌
股外侧肌

呼吸

全程均匀呼吸

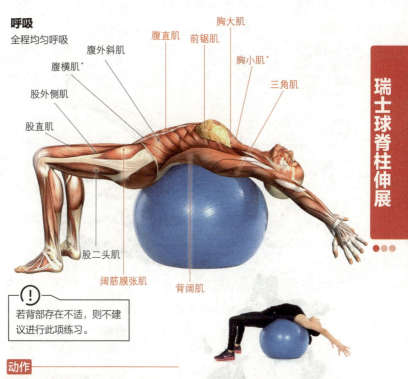

腹横肌*
腹外斜肌
腹直肌
前锯肌
胸大肌
胸小肌*
三角肌
股外侧肌
股直肌
股二头肌
阔筋膜张肌
背阔肌

瑞士球脊柱伸展

⊘ 若背部存在不适，则不建
议进行此项练习。

动作

仰卧在瑞士球上，臀部后侧与背部
紧贴球面，双臂于头顶上方充分伸
展，双臂放松，颈部放松。保持姿
势至规定时间。

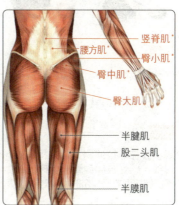

竖脊肌*
腰方肌*
臀小肌*
臀中肌*
臀大肌
半腱肌
股二头肌
半膜肌

✓ · 双臂和颈部
放松。

✗ · 身体晃动，
重心不稳。

123

仰卧4字

- 放松髋部。
- 保持头部贴在地面。

- 强行将腿部拉向胸部。

(!) 若下背部或膝盖存在不适，则不建议进行此项练习。

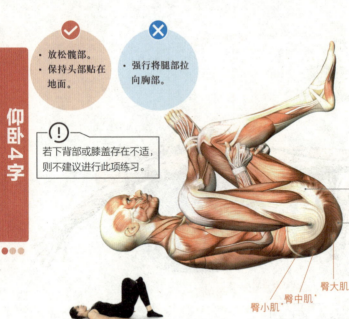

股方肌*
梨状肌*
臀大肌*
臀中肌*
臀小肌*

呼吸
全程均匀呼吸

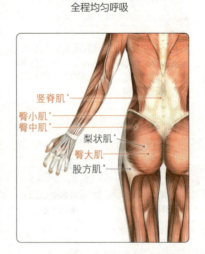

竖脊肌*
臀小肌*
臀中肌*
梨状肌*
臀大肌*
股方肌*

起始

仰卧，双腿弯曲，拉伸侧脚放于对侧大腿上方，呈"4"字形，双臂于身体两侧伸直贴于地面。

过程

双手握住非拉伸侧大腿并将其拉向胸部，感受拉伸侧臀部肌肉的牵拉感。保持姿势至规定时间，对侧亦然。

呼吸
全程均匀呼吸

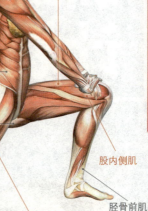

股直肌

腹外斜肌

大收肌*

股内侧肌

胫骨前肌

股中间肌*

股外侧肌

起始

身体呈分腿跪姿，上身挺直，前侧腿屈膝约 90 度，脚撑地，后侧膝跪于地面，双手扶于前侧大腿上方。

过程

双手推动前侧腿向前，同时髋部向后，感受目标肌肉的牵拉感。保持姿势至规定时间，对侧亦然。

> (!) 若膝盖存在不适，则不建议进行此项练习。

- 双手推腿，辅助拉伸。
- 前侧腿向前时膝盖超过脚尖。

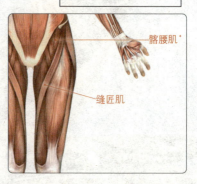

髂腰肌*

缝匠肌

125

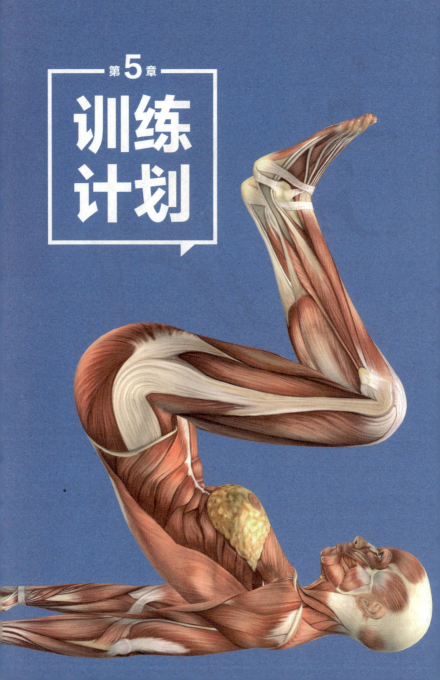

第 5 章

训练
计划

核心稳定性训练计划

1

平板支撑
30秒 ×2组
30秒
第3页

2

侧平板支撑
30秒/侧 ×2组
30秒
第13页

3

死虫
12次 ×2组
30秒
第16页

4

俯卧-Y字
12次 ×2组
30秒
第17页

5

臀桥
12次 ×2组
30秒
第20页

6

蛙式支撑
30秒/侧 ×2组
30秒
第22页

核心力量训练计划

1

屈膝卷腹
12次/侧 ×2组
30秒

第34页

2

绳索－半跪姿－
下砍
10次/侧 ×2组
30秒

第41页

3

绳索－半跪姿－
上提
10次/侧 ×2组
30秒

第42页

4

瑞士球－伸髋挺身
10次 ×2组
30秒

第28页

5

瑞士球－前推
10次 ×2组
30秒

第30页

6

瑞士球－抬腿转髋
10次 ×2组
30秒

第32页

核心爆发力训练计划

1 药球－站姿－过顶扔球
10次×2组
45秒
第78页

2 药球－站姿－过顶下砍
10次×2组
45秒
第90页

3 药球－站姿－侧向下砍
8次/侧×2组
45秒
第92页

4 药球－站姿－对角线推举
8次/侧×2组
45秒
第94页

5 跳箱－双脚交换跳
8次×2组
45秒
第108页

6 跳箱－爆发式俯卧撑
8次×2组
45秒
第116页

初级核心训练计划

1

平板支撑－单腿上举
30秒/侧×2组
30秒

第5页

2

侧平板支撑－直臂
30秒/侧×2组
30秒

第12页

3

瑞士球－俯卧－Y字
12次×2组
30秒

第18页

4

三方向卷腹
8次×2组
30秒

第36页

5

跪姿－肘碰膝
12次/侧×2组
30秒

第55页

6

俯卧撑
10次×2组
30秒

第56页

高级核心训练计划

1

绳索－半跪姿－
下砍
10次/侧×2组
30秒
第41页

2

绳索－半跪姿－
上提
10次/侧×2组
30秒
第42页

3

滑贴－登山
10次×2组
30秒
第46页

4

单腿俯卧撑
8次/侧×2组
30秒
第57页

5

药球－站姿－过
顶扔球
10次×2组
45秒
第78页

6

药球－分腿姿－
侧向扔球
8次/侧×2组
45秒
第81页

7

跳箱－侧向单脚
跳－异侧
8次/侧×2组
45秒
第110页

8

跳箱－旋转跳
8次/侧×2组
45秒
第114页

腹部塑形训练计划

平板支撑
30秒 ×2组
30秒
第3页

屈膝卷腹
10次/侧 ×2组
30秒
第34页

瑞士球 – 转肩
10次 ×2组
30秒
第29页

哑铃 – 俄罗斯转体
10次 ×2组
30秒
第45页

训练椅 – 仰卧举腿
10次 ×2组
30秒
第50页

瑞士球 – 前推
10次 ×2组
30秒
第30页

跑步核心训练计划

1

侧平板支撑 – 单
腿上举
30 秒 / 侧 ×2 组
30 秒
第 14 页

2

俯卧 –Y 字
12 次 ×2 组
30 秒
第 17 页

3

臀桥 – 军步
30 秒 / 侧 ×2 组
30 秒
第 21 页

4

瑞士球 – 俯卧撑
屈膝
10 次 ×2 组
30 秒
第 31 页

5

绳索 – 旋转上拉
10 次 / 侧 ×2 组
30 秒
第 43 页

6

滑贴 – 登山
10 次 ×2 组
30 秒
第 46 页

7

药球 – 站姿 – 过
顶砸球
10 次 ×2 组
45 秒
第 84 页

8

跳箱 – 单脚跳
8 次 / 侧 ×2 组
45 秒
第 106 页

篮球核心训练计划

1
侧平板支撑－直臂
30秒/侧 ×2组
30秒
第12页

2
瑞士球－俯卧－Y字
12次 ×2组
30秒
第18页

3
瑞士球－转肩
12次 ×2组
30秒
第29页

4
滑贴－臀桥
10次 ×2组
30秒
第76页

5
哑铃－弓步蹲－
单臂推举
8次/侧 ×2组
45秒
第72页

6
药球－相扑深蹲－
过顶上举
10次 ×2组
30秒
第70页

7
药球－分腿姿－
侧向扔球
8次/侧 ×2组
45秒
第81页

8
药球－站姿－过
顶下砍
10次 ×2组
45秒
第90页

9
跳箱－旋转跳
8次/侧 ×2组
45秒
第114页

足球核心训练计划

1
平板支撑 - 单腿
上举
30秒 / 侧 ×2组
30秒
第5页

2
俯卧 -Y 字
12次 ×2组
30秒
第17页

3
臀桥
12次 ×2组
30秒
第20页

4
绳索 - 半跪姿 -
下砍
10次 / 侧 ×2组
30秒
第41页

5
绳索 - 半跪姿 -
上提
10次 / 侧 ×2组
30秒
第42页

6
滑贴 - 臀桥
10次 ×2组
30秒
第76页

7
药球 - 半跪姿 -
侧向扔球
10次 / 侧 ×2组
45秒
第82页

8
药球 - 跪姿 - 旋
转过顶砸球
10次 / 侧 ×2组
45秒
第88页

9
跳箱 - 单脚跳
8次 / 侧 ×2组
45秒
第106页

游泳核心训练计划

1

平板支撑 – 对侧
上抬
30 秒 / 侧 ×2 组
30 秒
第 6 页

2

俯卧 –Y 字
12 次 ×2 组
30 秒
第 17 页

3

瑞士球 – 伸髋挺身
12 次 ×2 组
30 秒
第 28 页

4

瑞士球 – 前推
10 次 ×2 组
30 秒
第 30 页

5

壶铃 – 土耳其起立
10 次 / 侧 ×2 组
30 秒
第 74 页

6

药球 – 站姿 – 过
顶下砍
10 次 ×2 组
30 秒
第 90 页

7

药球 – 站姿 – 侧
向下砍
10 次 / 侧 ×2 组
45 秒
第 92 页

8

跳箱 – 双脚交换跳
8 次 / 侧 ×2 组
45 秒
第 108 页